日本の国益

小原雅博

講談社現代新書

2494

はじめに

「英国には永久《とわ》の同盟国もいなければ、永遠の敵もいない。永久永遠のものは英国の利益であり、我々はそれに従う義務がある」（パーマストン、一八四八年）

今日、この言葉を口にする大統領がいる。トランプ大統領だ。就任演説では、「すべての国は自らの国益を最優先にする権利を有する」と述べた。この発言は国際政治の現実を語っただけで、何ら驚くべきことではない。しかし、それをアメリカの大統領が就任演説で述べたことが重要だ。そして、それが一過性のトランプ現象に終わるのではとの筆者の質問に、アメリカの学者や外交官は一様に悲観的な答えをする。アメリカの「普通の国」化とリベラルな国際秩序の瓦解が始まっている。

アメリカは、その強大なパワーを、自国の国益のみならず、同盟国や友好国の安全、そして、開かれた国際経済システムや法の支配に基づく国際秩序の擁護にも使ってきた。そうした国際益、世界益を自国の国益であるとまで宣言していた。世界はそこに「偉大なアメリカ」を見た。しかし、イラク戦争や金融危機でアメリカは疲弊し、傷ついた。その回復を託されたオバマ大統領は、「世界中で起きる間違いをすべて正すのはアメリカの手に余る」と述べ、アメリカがもはや「世界の警察官」ではないことを認めた。その後を継いだトランプ大統領は、「アメリカの産業や軍隊や国境や富を犠牲にして外国を助けてきた」政策から「国益最優先」の政策に大きく舵を切った。

アメリカが後退した空白を埋めるかのように、中国が「大国外交」と「核心利益」を掲げて自己主張を強め、ロシアと共に、力による現状変更に動く。国家を超える共同体の拡大と深化という大実験を続けていたヨーロッパでもナショナリズムや国益が復権している。主権や国益が優先する時代、自由貿易や法の支配といったリベラルな国際秩序が悲鳴を上げている。

二〇一三年、安倍晋三政権は日本初の「国家安全保障戦略」を策定し、その中で、「国家・国民の安全」、「国家の繁栄」、「普遍的価値に基づく国際秩序の擁護」が日本の国益であると規定した。戦後、日本政府が国家の重要な政策において日本の国益を明確に規定したのはこれが初めてであった。二〇一八年一月の安倍首相の施政方針演説では、首相就任からの五年間の外交を総括して、「世界の平和と繁栄に貢献するとともに、積極果敢に国益を追求してまいりました」と述べた。

世界で国益が叫ばれる今日、改めて「国益とは何か」を論じてみる必要があるのではないか。そんな問題意識を持って、本書を執筆した。

最初に、「国益とは何か」との問いに答える。政治やメディアの世界で頻繁に使われてきた言葉であるが、その意味するところは自明ではない。「国益」概念を整理し、その意味や役割を明らかにする必要がある。

「国益」には長い歴史がある。その歴史的変遷を振り返ることで、今日の世界の変化や混乱の奥底に潜む問題の本質が見えてくる。

そして、中長期的に日本の国益に大きな影響を与える米中二大国の興亡と攻防を論じ、日本の国益が問われている三つの問題（北朝鮮、東シナ海、南シナ海）を考察する。北朝鮮問題は国家・国民の生存と安全に、東シナ海問題は領土や領海に、南シナ海問題は「法の支配」に基づく国際秩序に関わる。

その上で、日本を米中の間に位置する「境界国家」であると捉えて、「日米同盟＋α」の「α」の戦略を論じる。この「α」は中国を意識したものとなる。本書を貫く筆者の思索の柱は、他国の国益との調整や国際社会の共通利益の形成を通じて自国の国益を実現するという意味での「開かれた国益」の追求にあることを申し添えておきたい。

目次

序章　今、なぜ国益を考えるのか？

動揺する現代国際秩序

二〇〇一年九月一一日、「帝国」とも称された超大国の軍事と経済の心臓部を未曾有《みぞう》のテロ攻撃が襲った。

その二年前までニューヨーク・マンハッタンの国際連合日本政府代表部に勤務していた筆者にとって、アメリカ繁栄のシンボルである摩天楼は見慣れた日常の一齣《ひとこま》であった。

その中で群を抜く世界貿易センタービルに二機のジェット旅客機が相次ぎ激突し、二つの巨大なビルは黒煙を噴いて倒壊した。その映像を見た筆者は言い知れぬ衝撃に襲われ、言葉を失った。九・一一は世界を震撼させ、アメリカは悲しみに沈み、怒りに支配された。

日本の真珠湾攻撃が参戦を渋るアメリカ国民を戦闘モードに一変させた如く、九・一一は「パクス・アメリカーナ（アメリカによる平和）」に浸っていたアメリカ人を「テロとの戦い」に駆り立てた。危機が国民を団結させ、父ブッシュ大統領の支持率は史上最高の九〇％に跳ね上がった。こうして、戦場も敵も見えない非対称な「テロとの戦い」が始まった。

当時、外務省で無償資金協力課長のポストにいた筆者は、同盟国たる日本として最大限の支援や協力を行うべく、奔走することになった。

アメリカの比類なき軍事力によって独裁政権は打倒された。しかし、「ブッシュの戦争」は泥沼化し、ベトナム戦争を上回る犠牲と戦費に傷付き消耗し、中東情勢は混迷を極めた。

二〇〇八年には、リーマン・ショックによる世界金融危機が追い打ちをかけた。アメリカの覇権の下で世界を覆ったかに見えた「自由で開かれたリベラルな国際秩序」は、アメリカ自身の戦略的失敗に加え、台頭国家の力による現状変更や破綻国家が生み出すテロや難民危機によって崩壊の淵にある。グローバル化、情報化、技術革新は新たな価値や豊かさを生み出す一方で、ロボットやAI（人工知能）による経済社会の変革、格差の広がりや排外主義の台頭、サイバー攻撃といったリスクや脅威の増大が顕著になっている。そして、気候変動による海面上昇や生態系破壊、感染症が国家や人間の生存と営みを脅かすようになった。

冷戦後に高まった楽観論は悲観論に道を譲り、安全や経済が揺らぐ中で、日本を取り巻く国際環境も厳しさを増している。

核・ミサイル開発によって地域の緊張を高める北朝鮮や、力によって一方的に現状変更を図る中国にどう対処するのか？

日米同盟による抑止力は十分か？

「世界の警察官」の座を降りたアメリカの世界戦略はどうなるのか？法の支配を基礎とする「自由で開かれたリベラルな国際秩序」は維持できるのか？停滞する世界経済の中で人口が減少し高齢化が進む日本の経済をどう再生し、外交を支える基盤となる国力をどう維持し増大するのか？

この複雑で変化の激しい世界を的確に説明し、未来を予測することは難しい。だからこそ、様々なリスクや脅威を踏まえて国益を確定し、その実現のために外交を展開しなくてはならない。

日本の国益論議

日本には戦略がないとか、日本人は戦略的思考に欠けると言われて来た。それは「国家の目的」、すなわち国益が明確でないことに原因があった。国益が明確でなければ、戦略は一貫性を欠き、危機に際して果断な主体的・戦略的対応が取れず、国家は危殆に瀕する。

明治に出発した近代日本は富国強兵に邁進してアジアの軍事強国として台頭したが、その後、国家・国民の安全という国益を見失い、「世界に類のない精神力」（東条英機の施政方針演説）によってパワーを無視した成算なき戦争に突き進んだ。三五〇万人という国民が命を落とし、無数の人々が傷つき、家族や財産を失った。侵略と植民地統治の記憶は今もアジアに残る。

敗戦後に平和憲法の下で自由民主主義国家として生まれ変わった日本は、「狭隘《きょうあい》な国益」を排し、国際協調に努めた。戦後、国際社会への復帰と国家の復興に尽力した吉田茂首相は、「日本の利益は世界の共同利益に合するものでなければならん」と述べた。国際協調は戦後日本の成功要因であったが、この間、国益が論じられることはなかった。しかし、冷戦終結とバブル崩壊後の経済停滞によって日本はパワーの低下と戦略の漂流に直面する。一方、中国は、日本を抜いて世界第二の経済大国となり、海洋進出を進め、ＡＩＩＢ（アジア・インフラ投資銀行）や「一帯一路」による経済的影響力を強め、アジアの秩序を塗り替えるまでになった。

国際環境の構造的変化と日本の政治的・経済的変化の中で、今、日本の国益が問われている。

日本における国益論議には、相反する二つの主張がある。

一つは、国益は戦前の強硬外交を想起させる排他的で危険な概念であるとの警戒感から、国益ではなく、国際協調を重視せよとの主張である。もう一つは、日本の経済停滞や中国の台頭が生み出す不安や閉塞感を背景に、譲歩や国際協調を弱腰や追随と批判し、国益を断固守るべしと迫る主張である。

しかし、日本の国益論をリードすべきは、国益と国際協調を二者択一と捉えるのではなく、国際協調によって国益を追求する「開かれた国益」論である。

第一に、国際社会の現実と自国のパワーを踏まえ、国益を確定し、戦略を立て、国益実現のための外交を展開する。これが、国益外交の基本である。

第二に、自国に国益があるように他国にも国益があることを認識した外交である。他国と対立する利益には理性的に対処し、その影響を最小限に管理するとともに、他国と共有し得る利益（国際益）を形成し増大することによってウィン・ウィン関係を発展させていくことが国益に資する賢明な外交である。中国との「戦略的互恵関係」の推進はその例である。日中関係は、長らく、靖国神社参拝や尖閣諸島の問題に引きずられ、そうした外交を展開できなかった。メディアの商業主義や過剰なナショナリズムに屈して、対立する利益にばかり焦点を当て、全体の国家関係を損なうようなことは避けなくてはならない。それが「開かれた国益」外交の要諦である。

第三に、二国間・多国間で共有できる「国際益」からグローバル化する世界全体の利益（「世界益」とも「地球益」とも呼べる）まで、その実現のために汗を流し、イニシアチブを取る「積極的国際協調」外交を推進することである。日本が提唱して取り組んできた「人間の安全保障」はその具体的政策の現れである。それが「開かれた国益」外交に通じる開放性と協調性である。

「開かれた国益」論は、戦前のように他国のことなどお構いなしに自らの偏狭な国益を一方的に追求する「単独行動主義」でなく、また自分にさえ火の粉が降りかかってこなければよいとの「一国平和主義」でもない。

それは、「権力政治」が色濃く残る国際政治の厳しさを認識して、誤りなき国益の設定と確保に努めるという現実主義と、グローバル化と相互依存が進む国際社会における国際益や世界益の形成に積極的に関わっていくという理想主義を両輪とする外交である。

第一章　「国益」とは何か

1　「国益」という概念

「国益」概念の重要性と曖昧性

国際社会は国益を追求する諸国家の集まりであり、国際政治を語る上で国益論は欠かせない。実際、「国益」は誰もが耳にする言葉である。そして、それが極めて重要であることを私達は認識している。しかし、「国益とは何か」と面と向かって聞かれると、多くの人は答えに窮してしまう。

東京大学で毎年開講する筆者のゼミの初日、学生達にこの質問をする。すると、こんな答えが返ってくる。

A君：「外務省の採用パンフレットに出てくる言葉であり、外交の目標であると理解していたが、そこで思考停止し、深く考えたことがなかった」

Bさん：「国家の利益。国民より国家を優先するイメージがあり、余り良い印象を持てなかった。政策を正当化するために使われている」

C君：「極めて漠たる概念だ。『想像の共同体』とも言われる国家の曖昧さとグローバル化の進展によるのだろうか。あえて言えば、脅威から免れることではないか」
Dさん：「アメリカ留学中に、同じ問いを投げかけられて答えに窮した。今自分なりに思うのは、国家の尊厳とか豊かさを守ることではないか」
E君：「国民一人ひとりの利益の集合体ではないか」

ゼミ生の多くは外務省や防衛省など国益に直接関係する官庁を志望する。そんな学生達が、国益について真剣に考えたことも議論したこともなく、出てくる答えも多様だ。政治やメディアの世界では、日々、「国益」という言葉が飛び交う。これほど当たり前に使われ、わかったつもりになっている言葉でありながら、深い議論がなされてこなかったテーマを筆者は他に知らない。

本書の目的は、「国益とは何か」という問いに答え、日本の国益を論じることである。国益は、個人や企業や地域の利益を超える「国家・国民の利益」である。それは、しばしば個人の権利や他国の国益と衝突してきた。たとえば、個人の自由やプライバシーと国家の安全の衝突であり、国家間の貿易や領土の問題をめぐる紛争である。

このように、「国益」とは極めて重要な概念であるが、抽象的で曖昧な概念であるだけに、注意して使われなければならない言葉でもある。

最も注意すべきは、自国に国益があれば、他国にも国益があり、未成熟な国際社会にも「国際的な公益」というものがあることを認識することである。さもなければ、国益は国家を排外的ナショナリズムや一国主義的行動に駆り立てる道具となってしまう。

そうした問題意識を持って、「国益とは何か」という問いに答えていこう。

国家はなぜ必要か？

「国益（national interests）」とは、文字通り「国家の利益」である。まずは、「国家」について考えてみよう。

私達が生きている世界は、「国際（international）社会」と呼ばれるように、国家（nation）が主たるプレイヤーである。グローバル化の時代、多国籍企業やＮＧＯ、そしてテロリストなどの非国家主体と呼ばれるプレイヤーの役割が高まっているが、中心的役割を果たしているのが国家であることに変わりはない。また、予見し得る将来にわたって、国家を超える政治権力、たとえば、世界政府が誕生する可能性もないだろう。

なぜ、国家はこれほど長くかつ至上の存在として続いてきているのか。それは人間が生存と安全を手に入れる上で国家を必要としたからである。一六世紀から一七世紀にかけてのヨーロッパにおいて誕生した主権国家や「国家理性（国家の理由）」の思想的背景を振り返れば理解できる。この点は次章で詳しく論じたい。

「国家の理由」は、二一世紀の今日も基本的に変わらない。私達は国家の一員となることで国家主権の下での安全や自由を手に入れることができる。しかし、一度自らの国家を離れればそうはいかない。異国ではパスポート（旅券）やビザ（旅券に押された入国許可を認める査証）によって予め認められた目的と期間での滞在が許されるだけである。私達は、日本国の旅券と訪問する国の査証なしには日本を出国することも他国に入国することもできない（日本人に査証を免除している国を除く）。人間とは、それほどに国家に縛られた存在なのである。

日本のパスポート（旅券）

海外では、旅券こそが日本人であることを証明し、いざという時には滞在国の保護を求めることもできる。日本国旅券には、外務大臣の名前で、「日本国民である本旅券の所持人を通路故障なく旅行させ、かつ、同人に必要な保護扶助を与えられるよう、関係の諸官に要請する」と記されている（P23写真参照）。そんな（査証が押された）旅券を失えば、不法滞在で勾留される恐れもある。海外では旅券が命の次に大事と言われる所以《ゆえん》である。それなのに、旅券を紛失したり、盗まれたりして、大使館や総領事館を訪ねてくる日本人は後を絶たない。筆者が在上海総領事をしていた頃、ある日本人が帰国準備の際にごみと一緒に捨ててしまったようだと記した紛失事由を読んで愕然としたこともある。

日本に帰る移動の自由を手に入れるためには、日本の大使館や総領事館から新しい旅券あるいは数日間使用可能な「帰国のための渡航書」を発行してもらい、その後、旅券や渡航書に現地の入国管理局から入国している状態を示す印鑑を押してもらう必要がある。あなたが日本国民であることを証明し、現在滞在している国に合法的に入国したことを証明することができて初めて滞在国を出国し、日本に入国することができる。国籍を証明する旅券や滞在許可を証明する査証は国家と個人の関係を示している。個人は国家を前提にその存在が認知され、一定の権利や安全が賦与される。これが国際社会の現実である。

このように、私達にとっての国家の存在理由とは、国家に依拠して自らの安全や権利を確保することである。国家もそうした期待に応えることで、国家の存在理由を証明することができる。近・現代主権国家の場合、それは「対内主権」の行使としての警察による治安の確保や裁判所による権利の保護であり、「対外主権」の行使としての外交や軍事による平和と安全の確保である。

国益の普遍性と多様性

国際法学においては、国家は、①永久的住民、②明確な領域、③実効的支配を及ぼす政府、④他国と関係を取り結ぶ能力、の四つの要素を持つ法人格とされるのが一般的である。ここでは、③と④を一つにくくり、国家を国民、領土、政府（主権）の三要素からなる国際社会の主体として捉える。以上三つの要素をもって成立した国家が国際社会において存続していくためには、これらの要素を維持していかなくてはならない。その意味で、国民の安全、領土の防衛、主権の確保は、国家の「死活的国益」である。

こうした「死活的国益」はあらゆる国家にとっての普遍的国益である。その一方で、具体的に何が「死活的国益」に当たるかは国家が置かれている条件によって多様である。国家の利益である以上、国家の数だけ国益が存在することになる。

世界には約二〇〇の国家が存在する（国連加盟国は一九三ヵ国）。そして、これらの国すべてに国益がある。それらの国益は互いに一致したり、対立したり、その関係は複雑である。たとえば、「朝鮮半島の非核化」は周辺諸国を始めとする国際社会にとって共通の利益である。だからこそ、この言葉は、六者会合の共同声明や国連安保理決議の中に盛り込まれた。また、気候変動に関するパリ協定は中国やアメリカも加わって採択された（トランプ政権下で脱退）。この協定には一九六ヵ国が参加しており、国際社会のほぼすべての国家の利益が共有されたと言える。他方、東シナ海や南シナ海では、海洋権益や領有権をめぐって激しい対立があり、国益が衝突している。

外交官や政治家のみならず一般の国民も、自国に国益があれば、他国にも国益があるという国際社会の現実を認識する必要がある。その上で、対立する国益を平和的手段（対話や交渉）によって互いに抑制し管理すると同時に、共有する国益を広げ、制度化する（国際条約を作る）努力を積み重ねることが重要である。国益の調整、それが外交の要諦である。

国益の調整

国益をめぐる対立や紛争をどう解決するか。二つの世界大戦は大きな転機となった。平和のための知的探求と論議が重ねられ、政治にも反映された。そこでは、理性（法や道義）を重視するリベラリズム（理想主義）と権力（パワー）を重視するリアリズム（現実主義）が対峙してきた。

リベラリズムは、国際法や国際世論による平和の実現を目指し、リアリズムは国益とパワーを国際関係の重要な決定要因と位置づけ、勢力均衡による国際秩序の安定を説いた。

リアリズムの立場から国際政治を理論化・体系化したのがハンス・モーゲンソー（一九〇四―八〇）である。モーゲンソーは、主著『国際政治』（初版は一九四八年）において、国際政治を国家が「力（パワー）として定義される利益」を追求する「権力政治」（power politics）であると論じた。モーゲンソーは、この概念によって、国際政治を経済（「富として定義される利益」によって理解される分野）などとは別の独立した領域として設定しようとした。しかし、国家が追求する「力（パワー）として定義される利益」とは何であろうか。力と利益の関係についてモーゲンソーは明確な定義を加えていない。この点、筆者の考えは後に触れるが、ここでは国益がパワーと不即不離の関係にあることを指摘しておくにとどめよう。

国益について、モーゲンソーは、外交政策の「最低限の要求として国家の生存には言及せざるを得ない」と指摘し、他国の脅威に対する自己保存（「物理的、政治的、文化的な一体性の保持」）を恒久的・一般的な「第一次的国益」であると位置づけた。また、時代の政治的・文化的文脈の中で、たとえば、圧力団体や政党などが介在して、その都度決定されていく国益を「第二次的国益」と規定した。その上で、「第一次的国益」と位置づけた「国家の生存と安全」という「死活的国益」以外の国益は「余得」と考えるなど、国益を適切に制限して行動することによって各国間の国益は調整され、平和は維持され得る（外交を通じた「調整による平和」）と説いた。

2　国益と絡み合うパワーと道義

国益・パワー・安全の関係

以上の議論を踏まえ、「死活的国益」、「パワー」、「国家・国民の生存と安全」という三要素の関係を整理してみよう（図1－1）。

「国家・国民の生存と安全」の確保とそのために必要なパワーの追求は、国家の主要目標、すなわち死活的国益と位置づけられる。①は、これら三要素が等置される理念型である。しかし、国家の置かれている安全保障環境やパワーの大きさは異なるため、三要素の関係も理念型を離れて、多様な同心円で表される。

②は、死活的国益を国家・国民の生存と安全以上に拡張し、パワーを無視してその確保に走る膨張主義国家のケースである。日中戦争から太平洋戦争に突き進んだ日本はその例である。

③は、台頭する大国のパワーに直面する周辺国家のケースである。国家の安全という死

活的国益を確保するだけのパワーがないため、大国の地域覇権を受け入れる（バンドワゴン）か、あるいは、別の大国との同盟や地域的な集団的自衛権（たとえば、ＮＡＴＯ）に依存するかの選択を迫られる。アメリカの核の傘の下にある日本や韓国、ＮＡＴＯの加盟国であるバルト三国はその例である。日本は経済大国ではあるが、それに見合う軍事力、特に核兵器やＩＣＢＭ（大陸間弾道ミサイル）による抑止力を有していない。

④は、覇権国家のケースである。一九世紀の英国や二〇世紀のアメリカは、自国の生存と安全を超える同盟国の安全や国際秩序の維持も「死活的国益」と見なして、そのパワーを行使した。

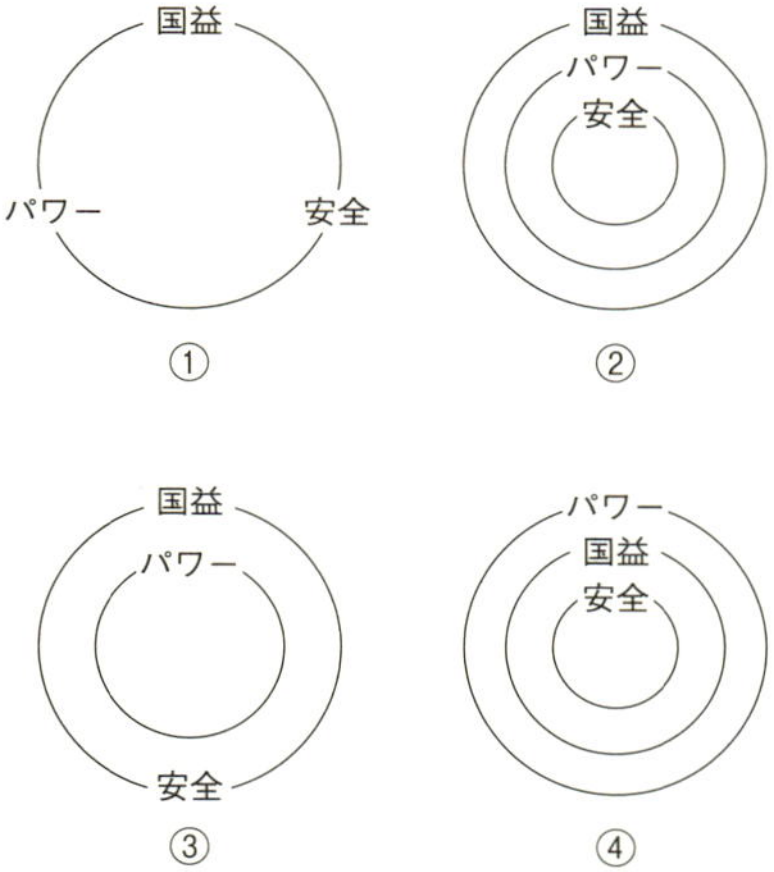

図１－１　国益、パワー、安全の三要素

国際社会における国家のパワーは相対的であり、可変的でもある。パワーの差が国益を左右する。ここに、国益の追求はパワーの追求に転化する。国際政治が「権力政治」であると言われる所以である。安全という主観的な目標（その背後にある脅威認識）とパワーという相対的な手段の関係をどう規定するかが外交政策のカギを握る。この関係は時に「安全保障のジレンマ」を生み、軍拡競争にもつながる。

国益を論じる際には、こうした国益とパワーの関係を押さえておく必要がある。

パワーか正義か？

以上の議論に加え、忘れてはならない要素が道義（正義）である。

リアリストの主張する通り、道義で平和が実現できるわけではない。したがって、道義に過大な期待を抱くことは禁物であるが、道義を無視して国際政治を語ることもできない。国際政治学の祖と言われるE・H・カー（一八九二―一九八二）も、名著『危機の二十年』（一九五一年）で、「力の要素を無視することがユートピア的であるなら、およそ世界秩序における道義の要素を無視する現実主義も非現実的な姿勢のリアリズムである」と述べている。国際政治において、道義をどう位置づけるべきであろうか。

第一に、パワーの道義への優越である。

トゥキディデスの『戦史』が描いた通り（第二章参照）、小国は大国のパワーに対して正義で抵抗してきた。しかし、力の前では正義も空しく響く。日清戦争後の三国干渉に対して、当時の外相陸奥宗光は、「兵力の後援なき外交はいかなる正理に根拠するも、その終局に至りて失敗をまぬかれざることあり」(『蹇蹇録』)と語っている。

中国は南シナ海に関する国際仲裁裁定を拒否した。正義(国際法)はパワーの大小にかかわらず、公平に適用されるべきであるが、大国は国際法よりも権力政治を選好しがちである。国際法を履行する場合でも、義務によってではなく、国益に資するか否かによることが少なくない。それは望ましいことではないが、かと言って、この国際社会の現実から目を背けるわけにはいかない。

一九一九年二月のパリ講和会議において、ウィルソン大統領が、「国際連盟の道徳的価値にまず最初に、そして主に頼ろうとする」と述べたように、第一次大戦後の国際秩序はパワー(権力)ではなく、道義(正義)によって再建されようとした。しかし、「国際法の原則」や「正義」を謳った国際連盟は大国の参加を欠き(アメリカ不参加、日独伊脱退、ソ連は遅れて参加するも脱退し、三九年には理事会は英仏のみとなった)、国際法や正義を無視した権力政治の暴走を止めることができず、第二次大戦勃発までの二〇年足らずで幕を閉じた。道義の権力(パワー)への敗北であった。

第二に、国際社会では、裁き(正義)は勝者によってなされ、ルール(正義)は大国によって作られてきた。

韓国では、一九一〇年の日韓併合条約は強制によるものであり無効であるとされてきたが、国際法的に不法とは言えない。それが当時の国際社会の現実であった。

極東国際軍事裁判（東京裁判）は、罪刑法定主義に反する事後法の遡及適用や戦勝国判事のみによる構成などから、「勝者の裁判」と批判されてきた。しかし、日本はサンフランシスコ平和条約（第一一条）によって同裁判を受諾しており、国と国の関係において異議を述べる立場にはない。同条約を締結することで敗戦国日本は国際連合を始めとする国際社会に復帰することができた。

この「国際連合」の英語名は「United Nations」であり、それは第二次大戦に勝利した「連合国（United Nations）」を意味している。国連憲章（すなわち、「連合国憲章」）には、第二次大戦で枢軸国側として戦った日本やドイツを念頭に置いた「敵国条項」も存在している。それもまた国際政治の現実である。

道義と国益の関係

一九四〇年、ドイツの侵攻を受けたフランスでは、ペタン元帥を首班に国家と国民の生存と安全のためにヒトラーの支配に隷属するビシー政権が樹立された。これに対し、ド・ゴール（戦後の第一八代フランス大統領）は亡命した英国で自由フランス政府を樹立し、祖国の自由のために最後まで戦い抜く道を選んだ。ペタンが「肉体的生存」を選択したとすれば、ド・ゴールは「精神的生存」を選択したと言える。また、ペタンは「安全と平和」を選択し、ド・ゴールは「正義」を選択したとも言える。道義は時に国益よりも重い。

国家が侵略の脅威に直面した時、自由という道義と生存という国益のどちらを選ぶか、指導者は難しい決断を求められる。

一九四〇年五月、ダンケルクで英国の大軍が壊滅の危機に瀕し、ヒトラーとの和平か戦争かで意見がわかれたチャーチル内閣は瓦解の淵にあった。重大な歴史的局面において、チャーチル首相は閣僚たちを鼓舞して、こう演説した。

「英国は奴隷国家になってしまう……この長い歴史を持つ私たちの島の歴史が遂に途絶えるのなら、それはわれわれ一人ひとりが、自らの流す血で喉を詰まらせながら地に倒れ伏すまで戦ってからのことである」

その場にいた閣僚たちは感極まり、衆議は戦争に決した。降伏による平和によって英国の独立や自由といった価値を守ることはできない。この日の英国政治は単なる生存よりも犠牲を伴う自由が重いことを示したのである。

ケネディ大統領が世界に示した道義についても触れるべきだろう。一九六二年一〇月二二日、キューバ危機に直面したケネディは、核戦争になるかもしれない危機を国民に知らせた演説をこう締めくくった。

「我々の目標は、力の勝利ではなく、正義の擁護である。自由の犠牲による平和でなく、ここ西半球における、そして願わくは世界中の、平和と自由のいずれもである。神のご意志あれば、この目標は達成されるであろう」

平和の維持は、アメリカをはじめ、およそすべての国家が追求する国益であるが、自由は建国以来のアメリカの国民統合の理念であり、世界を照らす「灯台」であって、アメリカにとって、自由や民主主義は平和に優るとも劣らない。

このように、道義はしばしば国益に優先し、或いは国益そのものとして位置づけられて国家を突き動かしてきた。アメリカ外交の底流には、ウィルソン大統領の外交に象徴される理想主義、すなわち、自由や民主主義という価値や理念が脈々と息づいている。それは、建国以来の「悪しき世界」から「良きアメリカ」を隔絶するという孤立主義、そしてそれと表裏をなすところのアメリカの進歩的価値を世界に広めるという国際主義のどちらにも傾いた。リアリストは、こうしたアメリカの理想主義に警鐘を鳴らしてきた。ジョージ・ケナンは、アメリカが犯してきた最も重大な政策的過誤が法律家的・道義主義的アプローチであると指摘したし、キッシンジャーも、アメリカの理想主義は現実に対する慎重な評価と結びついていなければならないと説く。日本は、自由や民主主義といった普遍的価値に基づく国際秩序の擁護を日本の国益として掲げている（二〇一三年の「国家安全保障戦略」)。道義を国家・国民の安全と並べて国益として位置づけて追求することが現実的に可能なのか、ダブル・スタンダードになったり、生存や安全という死活的国益を犠牲にすることにならないか、慎重な検討が必要とされよう。

3　国内政治と国際政治における国益の立ち位置

国益の「全体性」と「地方益」

日本のような民主主義国家の国益は、専制君主や独裁者の利益ではなく、「国民の利益」である。「国民の利益」と言う場合、それはある個人や企業や地方の利益ではなく、「国民全体の利益」を意味する。それは、また、他国の利益や人類の利益ではなく、自国民の利益である。

国益を決定する国内政治プロセスは、民主主義国家でもガラス張りではない。政策決定プロセスにおいて、族議員や各種利益集団の声や行政側の「忖度《そんたく》」によって国民の意思や利益が十分反映されないことも起きる。それは権威主義国家においてより深刻である。一部の利益集団が政治において大きな影響力を発揮すれば、国益としてあるべき「全体性」

は歪められる。「農林族」や「建設族」という族議員はいても、それに相応するような「外交族」はいない。有権者は国益という「全体益」より自らが属する集団の利益(「部分益」)を優先する。国益が何であるかが明らかでなく、選挙の争点となっていない時にはこの投票行動はより顕著となる。

アメリカ国務省時代に「ソ連封じ込め戦略」を提起したケナンは、「国民全体の利益」と「国内政治における不可避の競争の一当事者として代弁する利益」をわけて、後者が「決定的に、不当に、優勢である」と指摘した。その上で、国益に尽くすためには権力を得る必要があり、妥協が必要だと反論する政治家に対して、「あなたの行動には選挙の前も後も大した違いが見えない。一つ選挙を乗り越えたと思ったら、すぐに次の選挙の心配をしているではないか。そこで、また国内政治の都合が国全体の利益を不透明にするではないか」と反駁している(『二十世紀を生きて』)。

「全体」が「個別」に優先するとの「国民全体の利益」論で難しいのは、全体としての国家の利益とその一部である地方の利益が対立する場合である。国家の利益のために地方は不利益を被らなければいけないのかという問いかけにどう答えるべきだろうか。

たとえば、沖縄の米軍基地問題がある。国家の安全保障にとって米軍基地は必要だが、沖縄県民にとっては事故や事件や騒音が絶えない基地は撤去して欲しいということになる。この問題の本質は、利益と負担の公平性が欠如していることにある。厳しい言い方をすれば、国民は「国家の安全」という利益を享受するために、「思いやり予算」（基地関連予算）や沖縄振興のための税金は負担しても、基地の存在に伴う様々なリスクや不利益は沖縄の人々に押し付けてきたのである。他方、沖縄の持つ地政学的・戦略的条件は沖縄にしか存在しないことも事実である。米軍普天間飛行場の名護市辺野古移設には国家の安全という国益と地方の安寧という「地方益」の折り合いをどうつけるかという民主主義国家ならではの国益論が横たわっている。

「国際益」と「世界益」

逆に、国家の利益より大きな国際社会の利益をどう考えるかという問題もある。これは、利益をめぐる国家関係をどう捉えるかという議論と関係する。一つは、一国の利益の増大は他国の利益の減少を意味する「ゼロ・サム」関係である。そこには、勝つか負けるかという弱肉強食の世界観がある。戦勝国は敗戦国から領土や賠償金を獲得し、輸出国は輸入国の産業を窮乏化する。そんな世界観に修正を迫ったのが、戦争が勝者にとっても割の合わないものとなった二つの大戦と、保護主義や貿易戦争が相互に利益を損ない合う結果を招く経済グローバル化であった。相互確証破壊をもたらす大国間の核戦争や、経済相互依存の高まる国家間の貿易戦争は、一方の利益が他方の不利益となる「ゼロ・サム」ではなく、双方がともに利益を失い、更には国際社会全体の利益が失われる「マイナス・サム」に行き着く。

逆に、国際テロ、大量破壊兵器の拡散、地球温暖化、感染症、難民、金融危機、サイバー攻撃などの問題に協力して取り組むことは多くの諸国にとっての利益となり、「ウィン・ウィン」の関係を作り出す。二国間または多国間で共有される「国際益」や世界のすべての国が共有し得る「世界益／地球益」を目指す視点である。今日、私達は、一国の利益と国際社会の利益の両立を図る時代に生きている。

しかし、この両立は簡単ではない。たとえば、「核兵器のない世界」は世界益であるが、一ヵ国でも核兵器を持つことに固執すれば、その国Aと対立する国Bも核兵器を持ち、さらにBと対立する国Cも持つというふうに連鎖する。核兵器保有国である中国と国境紛争を抱えるインドが一九九八年に核実験を行うと、カシミール問題でインドと対立するパキスタンも核実験を行った。

二〇一七年、核兵器を非合法化する初の国際法「核兵器禁止条約」が採択されたが、核兵器拡散防止条約（NPT）で認められた核兵器保有国の地位を有する米ロ中英仏は採択会議に参加しなかった。これら大国間の国益の対立が続く限り、安全保障の根幹をなす核抑止力が放棄される可能性はほとんどない。さらに、北朝鮮のように新たに核兵器を保有する国家も現れている。核廃絶という「世界益」は各国の国益に適うが、テロリストも含め国際社会の構成員すべてが核廃絶にコミットすると信じるのは楽観的過ぎ、安全保障政策として現実的ではない。主権という絶対的権力を持つ国家の内において銃規制という「刀狩」を行うことはできても、主権を超える政治権力の存在しない国際社会において核廃絶を実現することは本質的に難しい。だからと言って、核抑止という「恐怖の均衡」の下で思考停止すべきでない。「政治家の倫理は、国際関係を弱肉強食のジャングル状態から文明的社会へと移行させていくということを至上命題とすべきものである」とのスタンリー・ホフマンの指摘（『国境を超える義務』）に賛成である。

「求同存異」と「開かれた国益」

「国際益」や「世界益」という概念は、国家間で国益を共有できることを示している。対立する国益を相互に抑制し、共通の利益を拡大することで国家関係の平和的発展と世界の調和的安定につながる。

日中国交正常化に際し、周恩来首相は、「求同存異」という言葉を日中関係発展の指針とするよう呼びかけた。当時、日本では、この言葉を「小異を捨てて（あるいは、残して）

大同につく」と訳されて報じられた。しかし、「求同存異」を正しく解釈すれば、「違いは（大小を問わず）違いとしてその存在を認め合った上で、共通の目標や利益を追求しよう」という趣旨である。これは、「ウィン・ウィン」の考え方であり、日中両国が体制の違いを乗り越えて関係を発展させる一つのアプローチと言える。

二〇〇六年の日中首脳会談で合意され、二〇〇八年の日中共同声明で示された「戦略的互恵関係」はこの精神を体現している。また、尖閣諸島をめぐる問題について、鄧小平は「次の世代」に委ねようと述べ、南シナ海の領有権問題では、「擱置争議（係争を脇に置いて）、共同開発」を呼びかけた。そこにも、「求同存異」の精神を垣間見ることができた。

しかし、近年、中国は尖閣諸島周辺に公船（政府所属の船舶）を派遣し、南シナ海では「主権在我（主権は我にあり）」の下で人工島建設と軍事化を強行した。中国が提唱する「新型大国関係」や「人類運命共同体」の構想にもウィン・ウィンが重要な指針として盛り込まれているが、そんな外交上の言質《げんち》とは異なり、実際の行動には増大するパワーに基づく一方的行動が目立つようになった。

力をつけた大国はその力を振り回したい誘惑に駆られる。しかし、大国がパワーによる国益の一方的追求に走れば、世界は緊張し、道義は廃れる。二一世紀の賢明な外交とは、「求同存異」による国際益や世界益の形成努力にこそ見出されるべきである。本書が、国際益や世界益の中に国益を見出す「開かれた国益」を提唱する所以である。

第二章　「国益」の歴史的変遷

1　トゥキディデスの『戦史（ペロポネソス戦争史）』が語ること

「メーロス対談」

古代ギリシャの歴史家であり将軍であったトゥキディデスが著した『戦史（ペロポネソス戦争史）』は、今日も色褪せないリアリズムの古典と言える。

紀元前四三一年から二七年間の長きにわたって続いたペロポネソス戦争はギリシャ全土を破壊と殺戮に陥れた。アテナイの将軍として戦場に身を置いたトゥキディデスは、将来への教訓として残す意図を込めて、この戦争を克明に描いた。

なかでも印象的な記録は、小都市国家メーロス島に遠征し包囲したアテナイ軍の使節とメーロスの高官の交渉を描いた「メーロス対談」である。この対談において、トゥキディデスは、国家の利益や正義がパワーによって決まるリアリズムの世界を生々しく描き、読者をその現場に引きずり込む。そのくだりを紹介しよう。

メーロス高官は、アテナイとスパルタの間での中立を望み、理性と正義を訴え、攻撃が神や人民を怒らせ、スパルタ軍の介入を引き起こすと申し立てる。しかし、アテナイ使節は、正義か否かは力の等しい者の間でこそ裁きができるのであって、「強者と弱者の間では、強きがいかに大をなし得、弱きがいかに小なる譲歩をもって脱し得るか、その可能性しか問題となり得ない」と一蹴する。それでも、メーロス側は説得に努める。

メーロス：「人が死地に陥ったときには、情状に訴え正義に訴えることを許し、……一部の利を認め見逃してやるべきではないか。……これは諸君にとっては一層大なる益……」

アテナイ：「われらの望みは労せずして諸君をわれらの支配下に置き、そして両国たがいに利益を認め合う形で、諸君を救うことなのだ」

メーロス：「諸君がわれらの支配者となることの利はわかる。しかし、諸君の奴隷となれば、われらもそれに比すべき利が得られるとでも言われるのか」

アテナイ：「然り。その理由は、諸君は最悪の事態に陥ることなくして奴隷の地位を得られるし、われらは諸君を殺戮から救えば、搾取できるからだ」

メーロス：「今なお自由を保持する者が奴隷化を拒み、

トゥキディデス（前460–前400頃）

必死の抵抗をつくすのは当然のこと」
アテナイ：「圧倒的な強者を前にして、(メーロスは) 鉾を引き身を全うすべき判断の場に立っているのだ」
メーロス：「軍兵の不足はラケダイモーン (スパルタ) との同盟が補いうると信じている。……かれらはきっと救援にやってくる」
アテナイ：「利益とは安全の上に立ち、正義、名誉とは危険をおかして克ちえられるもの」
メーロス：「だがその危険でも、われらのためとあれば、すすんでかれらはおかすにちがいない、他の誰よりもわれらの信頼にこたえようとするにちがいない」
アテナイ：「援助を求める側がいくら忠誠を示しても、相手を盟約履行の絆でしばることになるまい。……人間にとってもっとも警戒すべきは、安易な己の名誉観に訴えること、諸君も心して貰いたい。……最大の国が寛大な条件で降伏を呼びかけているとき、これに従うことを何ら不名誉と恥じる要はない。……相手が互角ならば退かず、強ければ相手の意を尊重し、弱ければ寛容に接する、という柔軟な態度を保てば、繁栄はまず間違いない」

こうして協議は終わり、メーロス代表は、「七百年の歴史を持つこのポリスから、一刻たりとも自由を剝奪する意思はない。……ラケダイモーン人の加勢のあらんことを頼みに、国運安泰に尽くしたい」と返答して、平和条約締結とアテナイ軍の撤退を申し入れた。アテナイ使節は、「ラケダイモーン人や、運や希望を信じて何もかも賭けて疑わぬとあれば、何もかも失ってしまうのも止むをえまい」と述べて、城攻めを続けた。ラケダイモーン軍は来なかった。メーロスはついに降伏し、メーロス人成年男子全員が死刑に処せられ、女性と子供らは奴隷にされた。

生存か自由か？

「メーロス対談」を描くことで、トゥキディデスが伝えたかったこととは何であろうか？筆者が傍線を引いた言葉に注意して読んでほしい。そこから、こんな疑問が湧く。

第一に、力の差のある二者の間に正義は存在しないのか？

アテナイは強く、メーロスは弱い。メーロスが自らを守るためには自由を譲り渡すしかないが、それが嫌なら滅びるだけだと詰め寄るアテナイ。そこから見えてくるアテナイの覇権は正義ではなく、強大なパワーと過剰な自信に支えられたものであった。力の前に正義など存在しない。そんな台頭国家の傲慢や過信は、その後のアテナイのシケリア大遠征を壊滅的失敗に終わらせる原因となった。

正義なき秩序は持続し得ない。メーロス対談は、正義を軽んじ、力を過信した大国が打ち立てた秩序と大国自身の結末を暗示する対話である。ここには、トゥキディデスが『戦史』に込めたメッセージが集約されている。

第二に、圧倒的な力の差を誇示する大国を前にした弱小国家は安全を最優先し、そのためには正義や自由も諦めるべきなのか？

メーロス軍がアテナイ軍に勝てる見込みは皆無であったし、同盟国スパルタが救援に来る保証もなかった。それにも関わらず、メーロスは、正義や自由に国運を賭け、滅んだ。国家が滅びては、正義や自由は何の意味も持たない。これもまたトゥキディデスの残したメッセージであり、彼がリアリズムの先駆者と言われる所以である。

「トゥキディデスの罠」

『戦史』には国際政治の重要な論点が含まれているが、今日特に論議を呼んでいるのが、「トゥキディデスの罠」と呼ばれる概念である。

トゥキディデスは、「この大動乱（ペロポネソス戦争）の原因を後日追究する人の労をはぶきたい」と前置きして、こう述べている。

「アテーナイ人の勢力が拡大し、ラケダイモーン（スパルタ）人に恐怖をあたえたので、やむなくラケダイモーン人は開戦にふみきったのである」

トゥキディデスは、開戦に至らしめた直接の誘因としていくつかの事件を取り上げて克明に記録しているが、ギリシャ全土を荒廃させた長い戦争の根本原因を、新興アテナイのパワーの増大と大国スパルタの恐れに帰したのである。ハーバード大学のアリソン教授はこの歴史的経験則を「トゥキディデスの罠」と呼んだ。アリソン教授は、一六世紀以降の歴史において台頭した大国が既存の指導的大国に挑戦した一六のケースのうち一二のケースが戦争になったと指摘し、ペロポネソス戦争の経験則がその後の歴史にも当てはまると警鐘を鳴らした。

アリソン教授が特に懸念するのは米中関係である。現在の流れが続けば、将来、米中戦争は可能性があるというより、現在考えられているよりもずっと蓋然性が高いと警戒する。その上で、南シナ海での中国の要求は、セオドア・ルーズベルト大統領（在任一九〇一―〇九）のカリブ海や太平洋に対する要求に比べれば、自制されたものであると指摘し、暗にアメリカの過剰な反応を戒める。しかし、この見解には、異なる時代背景を無視して、アジアにおける中国版「モンロー・ドクトリン」を正当化することになりかねないとの批判がアメリカ国内で出ている。

2　マキャベリズムと「国家理性」

悲観的現実主義の「君主論」

古代ギリシャの都市国家の時代から、国家は世界を構成する主要な独立政治単位として存在してきた。

しかし、ヨーロッパでは、キリスト教共同体としての中世が長く続き、国家は沈滞した。ようやく一六世紀になって、宗教改革や宗教戦争によって、中世の秩序を支えていた宗教的規範意識が希薄化し、ローマ教皇と教会の権威も凋落した。欧州最後の宗教戦争となった三十年戦争（一六一六―四八）終結後のウェストファリア講和会議を歴史的転換点として、主権国家によるヨーロッパ国際秩序が誕生し、国益概念も確立した。

こうした変化を先導した人物がニッコロ・マキャベリである。マキャベリは、イタリアの都市国家フィレンツェ共和国の外交と軍事を担当する高官であり、政治思想家であった。当時のイタリアは周辺諸国の侵攻やイタリア諸勢力の抗争によって混乱の極みにあった。マキャベリも祖国の敗戦と消滅の中で捕われ、拷問を受ける。

そんな過酷な経験がリアリズムの原型と言われる『君主論』（一五一三年）を生んだ。マキャベリの主張は明確である。イタリア統一を実現し独立を守るためには、君主たるものは宗教や道徳ではなく、力を信奉すべきだ。力のみが国家存続の唯一の条件である。

そう説いたマキャベリの思想には、利己主義的な人間社会においては、倫理的な行為が倫理的な状況を生み出すわけではなく、「ある（to be）」と「あるべき（ought to be）」を厳格に区別し、世界をあるがままに捉える必要があるとの悲観的現実主義が横たわっている。

マキャベリは言う。「邪悪な存在である人間の世界」では、善良であることにこだわるならば、地位や国家を維持することはできない。「必要とあらば、断固として悪の中へも入って行く術を知らねばならぬ」。

それは、国家の利益のためにはキリスト教の正義と倫理の原則など無視してよく、「目的のためには手段を選ぶな」とする思想であった。

マキャベリ（1469-1527）

「国家理性」の誕生

ローマ教皇は『君主論』を神をも恐れぬ悪魔の教えであると断罪し、禁書とした。しかし、キリスト教世界の権威から独立し、絶対王政国家を確立しようとしていた君主や

リシュリュー（1585-1642）

政治家は『君主論』に現実的な思想的基盤を見出した。マキャベリの思想は、欧州各国の絶対君主を中心に広がっていった。
　その後、「マキャベリズム」と呼ばれた「政治術」は、その非道徳性ゆえに批判や誤解もされた。しかし、国家の安全と自由を保持する上での政治権力の重要性とその獲得のための現実的・合理的方法を説いた「政治論」は、その後の欧州の現実政治と政治理論の展開に大きな影響を与えた。
　一七世紀、こうしたマキャベリの思想を内に秘めた「国家理性」（レゾンデタ raison d'État：国家の存在理由）と呼ばれる概念が登場する。ドイツの歴史学者マイネッケ（一八六二—一九五四）によれば、「国家理性」とは、国家行動の基本原則・行動原則であり、「各国家は自己の利益という利己主義によって駆り立てられ、他の一切の動機を容赦なく沈黙させる、という一般的な規則」を意味すると解釈した。
　この概念を普及させ、「冷酷なまでに実践した」（キッシンジャー『外交』）のが、絶対君主ルイ一三世治世のフランスの首席大臣リシュリュー枢機卿である。リシュリューの国家理性に従って行動したフランスは、歴史上最も長い宗教戦争となった三十年戦争において、カソリックの国でありながら、プロテスタント側を支援し、戦争を長引かせることでフランスの安全を脅かす神聖ローマ帝国の力を削いだ。国家理性はフランスをヨーロッパの支配的大国に押し上げた。キッシンジャーは、「リシュリューのなし得た偉業は、彼が中世的な道徳や宗教の束縛を投げ捨てた唯一の政治家だからこそ達成されたのである」と評価している。

その後、国家理性はヨーロッパ外交の指導理念となっていった。しかし、国家理性の下では、「国家の福利を守るためにはどんな手段を取ることも正当化され」、その結果、国益同士の衝突には歯止めが利かなくなっていった。その中で生まれたのが、勢力均衡(balance of power)である。それは、フランスの覇権に対抗する形でほとんど偶発的に生まれ、英国により戦略として発展していった。英国のバランサーとしての役割は、英国の地政学的利益から発していた。ヨーロッパ西端の小さな島国が生き残るためには、ヨーロッパ大陸を支配する国家の出現を阻止する必要があったからである。勢力均衡もまた国家の利益に根差した行動の産物であった。

3　国家主権とホッブズの無秩序世界

主権国家「リヴァイアサン」

「国家理性」の概念が広がった時代、これと関係するもう一つの重要な政治概念が発展を見せた。国家主権である。

フランスの法学者ジーン・ボダン（一五三〇―九六）は、内戦による無秩序の中において平和を回復するためには何物にも侵されない「最高・唯一・不可分の権力」としての主権を認める必要があると説いた。著書『国家論六篇』（一五七六年）では、主権は永続的であり、それが賦与される個人（君主）の死によって失われることはないとの意味で、まさに「国家主権」と呼ぶべき属性を持つ概念であると位置づけた。ボダンの主権理論もまたその後の政治理論の発展において様々な形で取り上げられることになる。

その一人が英国の哲学者トマス・ホッブズである。

ホッブズが著書『リヴァイアサン』（一六五一年）で表現した「万人の万人に対する闘争の状態（人間は人間に対して狼である）」は、絶対王政から市民革命、そして王政復古という混乱の中で人間の本性を見つめたことから生まれた。人間は利己的であり、攻撃本能を持つ。したがって、「自然状態」では人間は絶えざる恐怖と暴力による死の危険に脅かされており、自己保存のために暴力を用いることは「自然権」として肯定される。

性悪説に立ったホッブズが描いた無秩序の世界から抜け出し、安全を手に入れるためにはどうするか？　ホッブズは次のように論じた。

人間は相互の（社会）契約によって自らの持つ「あらゆる力と強さ」を「一個人（国王）又は合議体（議会）」に譲り渡し、それによって成立する主権国家（ホッブズの言う怪物「リヴァイアサン」）に服従することで平和で安定した社会秩序を手に入れることができる。リヴァイアサンとは、旧約聖書「ヨブ記」に登場する、「地上に比較されうる何ものもなく、恐れを知らぬように創られた」巨大な海の怪獣である。

ホッブズ（1588-1679）

ホッブズの著書『リヴァイアサン』の口絵には、右手に剣を、左手に聖職者の持つ牧杖を持って平和な田園風景を見下ろす巨人の姿が描かれている。

よく見ると、この巨人の体は無数の人民からなり、頭は王冠を戴く主権者としての君主である。それは、国民が自然権を一人の主権者に譲り渡すことで、絶対的権力として

『リヴァイアサン』（1651年）初版本の口絵

の主権の下での平和と安全を実現することを示唆している。自然権を委ねることで生まれる主権は、自然権の判断すなわち理性を委ねられたわけであり、主権は国家理性（国益）を体現することになる。

　国家の最大の役割は、暴力を独占することで国民を法に従わせ、社会の安全を保つことにある。マックス・ウェーバーは、これを「正当化された暴力の独占」と呼んだ。この権力を委ねられた君主なり、政府なりが強く安定していないと社会の安定は失われ、個人の安全は保障されない。これは今も変わらぬ現実である。今日「破綻国家」と言われる南スーダン、ソマリア、イエメン、シリア、アフガニスタン、イラクなどはその例だ。

国家の安全か個人の自由か？

　しかし、国家は単に安全のためだけに存在するのではない。オランダの哲学者スピノザ（一六三二—七七）は、著書『国家論』において、「平和が臣民の無気力の結果に過ぎない国家、獣のように隷属することしか知らない国家は国家というより、曠野と呼ばれてしかるべき」と説いた。そこには、ホッブズが論じた無制限の絶対的主権によって無視された自由への希求がある。国家状態とは恐怖と希望という共通の感情によって結びついた一つの共同体であり、肉体の安全のみならず、精神の自由、すなわち、思想・言論・表現の自由を認めることなくして国家体制の安定と平和はない。著書『神学・政治論』の最終章では、「それゆえに国家の目的は、実は自由にあるのである」と総括した。

安全と自由の関係をどう考えるか。個人の安全のために主権という絶対権力を委ねられたリヴァイアサンが権力を濫用すれば国民の自由は奪われ、安全さえも侵される。ホッブズは、暴力の独占者を絶対王政の君主に求めたが、プラトンが理想とした善なる哲学者による「哲人王」の政治は期待しがたい。むしろアリストテレスが指摘したように、暴政に陥りやすい。

英国の政治思想家ジョン・ロック（一六三二―一七〇四）は、人間には理性があり、いきなり争い合うことはないだろうとの認識から出発した。人間には自己を統治する理性があり、国家と社会契約を結んで、生命・身体・財産に対する権利としての自然権を一部国家に委譲する。国家は国民の信託に基づき主権を行使する。したがって、民主的に選ばれた政府が主権を適切に行使しなければ、そもそもの主権者である国民は抵抗権を行使できる。

この思想は後のフランス革命やアメリカ独立に大きな影響を与えた。アメリカ憲法修正

第二条は、「自由な国家の安全」にとって規律ある民兵が必要であるとして、「人民が武器を保有しまた携行する権利」を認めている。

近代市民革命は、国家・社会の安定・安全と個人の自由・権利の間の相克から生まれた。民主化を勝ち取った欧米諸国は、三権分立や普通選挙によってリヴァイアサンを相対化したと言える。

二一世紀、アヘン戦争以来の列強の侵略に対して国家・国民の安全を確保できなかった中国は共産党というリヴァイアサンに権力を集中し、「強国」と「強軍」を目指す。自由の国アメリカでも、九・一一以降、社会の監視や国境管理が強化され、自由やプライバシーより安全が優先される傾向がある。国民の自由より国家の安全を優先する「国家安全保障国家（national security state）」と呼ばれる新たなリヴァイアサンが登場している。

4　ウィーン体制と勢力均衡

メッテルニッヒの外交

ヨーロッパ諸国の指導的政治思想となった国家理性の下での戦争は道徳律によっては制

約されず、歯止めがかからなくなっていった。強国は支配を求め、弱国は政治的連合により抵抗した。そこから勢力均衡の概念が生まれ、その原理に基づいて構築された国際秩序が「ウィーン体制」である。その立役者がオーストリアの外相メッテルニッヒである。メッテルニッヒは、ナポレオン戦争後のヨーロッパ列国によるウィーン会議（一八一四―一五）において、自国のパワーや地政学を踏まえ、中立を保ち、調停者の役割に徹した。そして、「連帯と均衡の原則」に基づき、「ヨーロッパに永続的な平和を確保したいという断固たる願望の結果」として、一八一五年、ウィーン議定書の締結に漕ぎ着けた。その基礎には、パワーの「均衡」のみならず、欧州各国の国内政治体制の共存という価値（正統性）の「連帯」が存在した。ヨーロッパ列強は、自由民主主義的な動きを封じるために互いを必要としたのである。

メッテルニッヒ（1773-1859）

キッシンジャーが高く評価したこの外交家は、オーストリア皇帝フランツ一世（在位一八〇四―三五）に仕え、ヨーロッパ外交史に不滅の名を残した。メッテルニッヒは、回想録の中で、「法こそ真の力」が自らの信念であると開陳し、次の通り述べている。

「政治」とは、最も高い次元において、国家の生死に関わる利害問題を扱う術である。諸国家よりなる「社会」においては、それぞれの国家は、自分に固有の利害のほかに、他のすべての国家と共通の、あるいはいくつかの国家集団と共通の利害をもあわせもつものである（『メッテルニヒの回想録』より抜粋）。

　メッテルニッヒにとって、政治や外交とは国家の最も重要な利益すなわち、「国家の生存の保障」についての学問であり、国家の生存、すなわち、安全保障に限定された形で国益を抑制し、共通の利益を守ることが、その後のヨーロッパ宮廷外交の基調となった。

　メッテルニッヒが作り上げた「ウィーン体制」は、フランス革命とナポレオン戦争終結後のヨーロッパ秩序を再建し、その後の平和の基礎となった。歴史家の見方は分かれるが、ヨーロッパでは、勢力均衡の下で、クリミヤ戦争（一八五三―五六）や普仏戦争（一八七〇）を除き、第一次大戦まで大きな戦争のない平和が一〇〇年続くことになった。その原点に、「均衡なき平和は幻想だ」と喝破したメッテルニッヒ外交があった。

　「ウィーン体制」は「保守反動」とも評されるが、多民族国家オーストリアの生存と安全、そして欧州の安定にとって、際限なき破壊と殺戮を生んだナショナリズムや革命を警戒し、その波及（自由主義や民族主義・国民国家の広がり）を阻止するためにも必要とされた。

　この流れを味方につけたのが、フランス革命以前の状態に戻るという「正統主義」を提唱したフランス外相タレーランである。戦後処理で責めを負うべき敗戦国でありながら、革命の被害者であると位置づけることにより、フランスを他の大国と対等の立場に押し上げた。フランスの国益を守り、欧州の新たな秩序形成にも貢献した類まれなる外交手腕は高く評価されてきた。メッテルニッヒは、彼を評して、「度はずれた知能の持ち主」と書き残している。

「ビスマルク体制」

一九世紀後半、プロシアのビスマルクとフランスのナポレオン3世がウィーン体制打破に動いた。ビスマルクはドイツ統一を、ナポレオン3世はフランスの指導力の回復を目指したが、成功したのはビスマルクである。

ビスマルク(1815-1898)

ビスマルクは、三度の戦争や「鉄血演説」によって武力重視の鉄血宰相と呼ばれたが、彼の宰相としての手腕は戦争を避ける平和外交においてこそ発揮された。普墺戦争と普仏戦争に勝利し、プロシア主導によるドイツ統一を果たしたビスマルクが恐れたのがフランスの復讐戦争であった。従って、ドイツ統一後のビスマルクの最大の外交目標はフランスを孤立させ、ヨーロッパの平和を維持することにあった。
　引退するまでの二〇年以上にわたって、勢力均衡を巧みに外交に反映させ、列強との同盟関係を改変しつつ、この目標を見事に達成した。それは、ナポレオン3世の外交功勢をプロシアの国益に資する権謀術数の機会として利用してしまう程の傑出した天才的外交術と同盟や協定を張り巡らせた多国間メカニズムによって可能となった。しかし、それはまたビスマルク体制が彼個人の力量に依存した脆弱な基盤しか持たないことを意味した。

パーマストン（1784-1865）

「光栄なる孤立」

　ヨーロッパの勢力均衡の維持に努めたもう一つの大国が大英帝国である。「英国には、永久の友も永遠の敵もいない」と喝破したパーマストン首相は、勢力均衡という一種の力学を駆使して冷徹に国益を追求した。一八世紀から一九世紀初めまで大陸の覇権を握らんとしたフランスは英国の敵であり、弱国のプロシアは味方であったが、プロシアがドイツを統一し強大化すると、英国にとってドイツ帝国は敵となり、弱体化したフランスは味方となった。そこには英国外交の現実主義が確固として存在した。「決して太陽の沈むことのない」広大な大英帝国を防衛し統治するためには、ヨーロッパ大陸の争いに巻き込まれることを回避するとともに、ある国がヨーロッパ大陸において覇を唱えて英国本国の安全を脅かすような状況にならないよう努める。それが英国の対ヨーロッパ大陸政策の基本であり、その戦略が大陸での勢力均衡と「光栄なる孤立」であった。

この戦略によって、英国は「パクス・ブリタニカ（英国による平和）」と呼ばれる世界的覇権を維持することに成功した。一九世紀後半には、強大な海軍力の下で、世界最大の貿易国として、世界中の海運業を独占し、欧州以外への輸出が欧州への輸出を上回る唯一の国家として、国際貿易の枠組みを支えた。当時の英国は世界最大の資本輸出国でもあり、世界の商取引の大半がポンドで決済され、ロンドンは世界の経済・金融の中心となって栄えた。

ウィルヘルム2世（1859-1941）

しかし、ビスマルクがヨーロッパ政治の舞台から去ると、妥協の芸術である外交は脇に押しやられ、勢力均衡を破壊する国益やパワーの追求がヨーロッパを支配する。ドイツの新皇帝ウィルヘルム二世（カイザー）は拡張主義的な「世界政策」を掲げ、海外植民地をめぐる対立や建艦競争によって英国の覇権に挑戦する姿勢を強めていった。英国がヨーロッパ大陸の勢力均衡の一翼を担わなければ、ドイツがヨーロッパの覇権を握り、英国の安全を脅かす恐れが大きくなっていった。英国はドイツの脅威に対抗するためヨーロッパでの孤立政策を捨て、仏露と協商し、独墺伊三国同盟と対峙する。それが第一次世界大戦への序曲となった。

明治日本のパワーと国益

江戸時代の長い鎖国の間、ほとんどの日本人は国家という存在を意識しなかった。支配階級であった武士は、日本という国家への帰属意識より自らが仕える大名への忠誠と大名の治める藩への帰属意識を強く持った。彼らは儒学や漢学を通じて文化や知識としての中国は認識していたが、それは政治や経済といった現実の世界で語られる国家ではなかった。したがって、日本という国家への認識も薄かった。

黒船の来航が、世界、そしてその中での日本という国家の存在を意識し、そのあるべき姿形を論じ、追い求める時代の扉を開いた。

明治は、日本という国家を近代国家として作り上げていく時代であった。

ビスマルクは、明治六（一八七三）年三月九日、建国直後のドイツの首都ベルリンを訪れた岩倉使節団に対し、こう語った。

「大国は自分に利益がある場合は国際法に従うが、ひとたび不利とみればたちまち軍事力にものを言わせてくる」

そんな弱肉強食の国際政治の中に放り込まれた日本は「富国強兵」に邁進し、中国（清）と戦って勝利したが、ロシアなどの三国干渉により苦汁を飲んだ。徳富蘇峰は、三国干渉に対して、「力が足らなければ、いかなる正義公道も、半文の価値もない」と慨嘆し、「強兵」を説いた。日露戦争が近づく一九〇〇年には、日本の軍事費は国家予算の四五％を超えた。国民も臥薪嘗胆に耐えた。

ポーツマス講和会議
（向こう側中央がロシア全権ヴィッテ、手前側中央が小村外相）

日露戦争の開戦直前、児玉源太郎総参謀長は、元老伊藤博文に対し、ロシアを相手に二年以上戦ったら惨敗すると述べて、アメリカへの仲裁要請に動くよう頼んだ。そして、小村寿太郎外相は、疲弊し切った軍事力と払底した財政力という現実を直視し、アメリカのセオドア・ルーズベルト大統領の仲介でロシアとの講和条約をまとめた。

その内容は旅順・奉天会戦と日本海海戦で勝利に酔う国民の期待に応えるものではなく、小村は「屈辱外交」の責任者として非難を浴び、日比谷焼き討ち事件など全国的に騒乱が起きた。しかし、日露戦争を長引かせず終結させることは、戦争継続余力を失っていた日本の国力に鑑《かんが》みれば、日本の国益に適うものであった。児玉や小村は、パワーに見合った国益の追求に徹し、日本の国益を守り抜いたと言える。しかし、児玉や小村のような人物が昭和の戦争を指導することはなかった。

5　パワーと国益が支配した二つの世界大戦

第一次大戦とアメリカの台頭

ヨーロッパ全土に張り巡らされた同盟関係によってバルカン半島の一都市で放たれた一発の銃弾が瞬く間に燎原の火となって欧州を席巻した。気がつくと、スイスを除くすべてのヨーロッパ諸国が二大陣営に分かれてかつてない悲惨な大戦に突き進んでいた。

不幸なことに、平和が続いたヨーロッパでの最後の戦争は第一次大戦の四〇年も前の普仏戦争であった。しかも、それは短期間で終結し、パリは無血開城された。ヨーロッパの政治家や軍の指導者、そして国民は、来る戦争が一〇〇〇万人を超える戦死者、無数の負傷者、そしてチフスによる一〇〇万もの死亡者など桁違いの被害をもたらすことになるとは想像もしなかった。科学技術の進歩によって破壊力が格段に増した新兵器と、国民経済や一般市民を総動員する総力戦が未曾有の殺戮と破壊をもたらした。

転機はアメリカの参戦であった。大戦が始まった頃、アメリカは既に世界最大の工業国になっていた。たとえば、国家の力を象徴する鉄の生産は、英国とドイツの合計の倍以上に達していた。ドイツの無制限潜水艦攻撃がアメリカの世論を硬化させ、アメリカが参戦すると、戦況は連合軍に有利になっていった。ドイツでは、工業生産が戦前の半分に落ち、反戦運動が起き、キール軍港の反乱などにより、帝政は崩壊した。四年以上にわたってヨーロッパを荒廃させた第一次大戦はこうして幕を閉じた。同時にヨーロッパが世界を支配する時代も終わりを告げた。

ドイツ、オーストリア－ハンガリー、ロシア、オスマンの各帝国は崩壊し、民族自決の原則の下で、新たに多くの中小国が誕生した。しかし、この大戦によって生じた国際政治の最大の変化は、ヨーロッパの東に巨大な社会主義国家が誕生し、大西洋の西側には世界の半分以上の工業生産力を持つ経済大国が英国に代わって世界の覇権的地位を占めるようになったことである。戦後の世界秩序の構築は事実上アメリカの意思にかかっていた。ウイルソン大統領は、国際連盟を提唱して、その意思を示した。

しかし、戦後のアメリカは孤立主義に回帰し、議会上院の反対によって、自ら立ち上げた史上初の普遍的な国際機関に席を占めることはなかった。また、ベルサイユ講和条約はドイツに報復的で過酷な賠償を課し、ドイツ人居住地域であったズデーテンなどの割譲を強いるなど、安定した戦後秩序をもたらすものではなく、むしろ、紛争の火種を残すことになった。

ミュンヘン会談の教訓

一九二九年、世界最大の証券取引所を有し、世界の金融の中心となっていたニューヨーク・ウォール街で株価が大暴落した。金融危機は瞬く間に世界に広がり、結果的に世界恐慌となって世界中を不況と失業のどん底に引きずり込んだ。

世界は再び暗い不穏な時代に突入する。この機に乗じて台頭したのが共産主義とファシズムである。ヒトラーやムッソリーニが経済不況、過激なナショナリズム、反共主義を利用して政権を握り、ベルサイユ体制の打破を目指して領土拡張を推し進めた。

その前触れとなったのが、一九三五年、ヨーロッパ有数の炭田を有するザール地方をドイツに編入したことであった。独仏国境地帯に位置するザール地方は、普仏戦争によりドイツ領となり、ドイツ人が住民の九〇％を占めていたが、第一次大戦後、国際連盟の管理下に置かれ、ザール炭田の採掘権はフランスが握っていた。ヒトラーは、その帰属を決める住民投票に勝利して、最初の領土拡大に成功した。一九三五年、再軍備を宣言し、翌三六年、永久非武装を定めたロカルノ条約を破棄してラインラントに進駐した。一九三八年には、オーストリアを併合した後、チェコスロバキアのズデーテン地方の割譲を要求するなど、力による「大ドイツ」の建設に邁進した。

ミュンヘン会談（1938年）
（前列左から、チェンバレン英首相、ダラディエ仏首相、ヒトラー、ムッソリーニ）

これに対し、英仏は同盟国であったチェコの犠牲によって欧州の平和が維持できるとの幻想を抱き、ミュンヘン会談でチェコをヒトラーに引き渡した。戦後、「宥和政策」という不名誉な言葉の所持者となったチェンバレン英国首相は、ヒトラーを誠実な人間と見誤り、ドイツの強大化を傍観するという致命的戦略ミスを犯した。

第一次大戦前には、台頭するドイツの脅威に対し、その国力を総動員して立ち向かった英国が、第二次大戦前には、ドイツに譲歩を重ね、欧州大陸をドイツのなすがままにさせてしまった。

ミュンヘン会談とその後の歴史は、国際秩序の担い手たる既存の大国が正義やルールに目をつむり、台頭国家の力による脅しと不法行為を見逃すならば、眼の前の小さな危機はやり過ごせても、その先にはより大きな危機が待ち受けることになるとの教訓を残した。

しかし、ミュンヘン会談当時、そのことに気付く者は少なかった。その一人、チャーチル議員（後の首相）は、議会演説で「これは終わりではない。やがてわれらに回ってくる大きなつけのはじまりにすぎぬ」と述べた。しかし、この警鐘が英国民に届くことはなかった。チェンバレンは平和の使者として本国で歓呼の出迎えを受け、首相官邸のバルコニーから「名誉ある平和が戻ってきた」と国民に報告した。

イデオロギーを超えた国益

国家の危機に直面したチェコスロバキアの首相は、自国の運命を決める会議に出席さえできなかった。こうした英仏の宥和政策によって、欧州における正義は廃れ、赤裸々なパワーがものを言う権力政治が出現した。ヒトラーの無法ぶりは留まるところを知らず、翌三九年、チェコの首都プラハはナチス・ドイツに占領され、東欧で唯一の民主主義国家であったチェコは消滅した。

一九三九年九月、ドイツがポーランドに侵攻するにいたり、英仏はようやくにして宥和政策が自殺行為であるとわかり、対独宣戦し、第二次大戦が始まった。

その前月、ヒトラーは、スターリンに対し、「両国の間には真の利害の対立は存在しない」と説いて、ソ連と不可侵条約を結んだ。ファシスト国家と社会主義国家の提携は世界を驚かせた。国家がイデオロギーではなく、国益で動くことを如実に物語る歴史的大事件であった。

イデオロギーを超えた国益の追求は民主主義国家と社会主義国家の間でも起きた。一九四一年六月、ドイツが不可侵条約を破棄して、ソ連になだれ込んだ時、民主主義陣営は社会主義ソ連と手を組んだ。ドイツは東西二正面で戦うことになり、アメリカの参戦によってドイツの敗戦は決定的になった。

第二次大戦前、ソ連を仮想敵国とする日独伊三国防共協定を結んでいた日本は、独ソ不可侵条約の締結に「欧州の天地は複雑怪奇」(平沼騏一郎首相)と驚愕し、平沼内閣は総辞職した。それから二年も経たずに、ドイツはソ連に侵攻した。その二ヵ月前、日ソ中立条約を締結し、日独伊ソ四国同盟構想を温めていた日本は再び衝撃を受けた。欧州列強の権力政治に翻弄される日本とは対照的に、チャーチル首相は折り紙付きの反共主義者にもかかわらず、「ヒトラーが地獄を侵略したのなら、せめて私は悪魔に好意的な言葉をかけよう」と言い、「ロシアの危機はわれわれの危機であり、またアメリカの危機でもある」と国民に訴えて、対ソ支援に動いた。その言葉は、イデオロギーをも超える国益によって動く権力政治を物語って余りある。

国益とパワーは表裏一体

一方、日本はパワーと国益を見極める冷静さと謙虚さを失い、世界最大の国力を誇っていたアメリカとの成算のない戦争に突入していた。太平洋戦争前の日米のパワーの差は歴然であったが、開戦以降、その差は更に広がった。たとえば、兵器生産に不可欠な粗鋼の生産量は、日米で一対一二（一九四一年）から一対四〇（一九四五年）に、艦船や航空機などの稼働に必要な燃料である石油産出量は、一対七七六から一対一一二にまで広がる絶望的な戦いとなった（山田朗『軍備拡張の近代史』）。東条英機首相は、「敵が内心恐れをなして居る」「世界に類のない」精神力によって「究極の勝利を獲得することが出来る」と強弁した（一九四四年の東条首相の施政方針演説）。しかし、山本五十六連合艦隊司令長官が吐露した「桶狭間とひよどり越えと川中島とを併せ行うの已むを得ざる羽目」となった日本に総力戦と消耗戦に勝利するパワーはなかった。

ドイツの敗戦から三ヵ月後の八月八日、ソ連は日ソ中立条約に反して対日宣戦を布告し、翌日満州に侵攻し、その大半を占領した。五〇万人に上る日本軍捕虜がシベリアに連行され、強制労働に従事させられた。日本がポツダム宣言を受諾した八月一五日の翌日には、南樺太と千島列島にも侵攻し、占領した。サンフランシスコ講和条約で放棄することが確定した「千島列島」に含まれていない北方領土は今もロシアの不法占拠の下にある。

日本の敗戦は、徳富蘇峰が語ったように、無理に無理を重ねた当然の帰結であった。

この戦前日本の失敗が示す通り、国益とパワーは表裏一体である。パワーを無視した国益は単なる願望でしかない。国益実現に必要なパワーがなければ、自助努力でパワーを増強するか、或いは同盟や外交によってその不足を補うか、しなければならない。明治日本の成功は自らの「富国強兵」と日英同盟によるところ大であった。そして、戦後日本の成功は貿易立国と日米同盟によって可能となった。

同盟の相手を間違えてはいけない。戦前の日本は、地政学的に日本の安全にとって無力であった陸軍国のドイツやイタリアと同盟を結び、世界の海を支配してきた英国やアメリカといった海洋国家と衝突した。戦後は、一転して、圧倒的な海軍力を中心とする前方展開によって東アジアの安定に大きな役割を果たすアメリカと同盟を結び、自由貿易を柱とする国際経済システムの中に身を置いて、平和と繁栄を維持してきた。それは、リアリズムの勢力均衡論から言っても、リベラリズムの経済相互依存論から言っても、極めて合理的な選択であり、日本の国益に資する戦略であった。

6 冷戦期の「戦争と平和」

ヤルタ会談と戦後秩序

ファシズムとの戦いにおいては、国家の安全という国益がイデオロギー上の対立を凌駕した。しかし、ファシズムに勝利した世界には、新たな分断と抑圧が出現した。それを決定づけたのがヤルタ会談である。スターリン、F・ルーズベルト、チャーチルという三人の指導者の取引によって、ソ連はヨーロッパでもアジアでも大きく勢力を伸ばすことになった。そして、それは戦後の半世紀にわたって国際秩序を決定づけることになる。

ヤルタ会談では、ソ連の対日参戦とその「見返り」を取りきめた秘密協定（ヤルタ密約）も結ばれ、満州から北朝鮮、日本の北方までをソ連の勢力下に置く結果となった。太平洋戦争で大きな犠牲を払ったアメリカとは対照的に、スターリンは戦争終結直前に極東での戦争に駆け込んで、濡れ手で粟のように大きな利益を手に入れたのだった。今日、ロシアは不法占拠した北方領土の実効支配を強化しつつ、返還を求める日本から経済協力を引き出すが、返還の意思は見せない。
二〇〇五年、ブッシュ大統領は、「安定のために自由を犠牲にした結果、ヨーロッパに分裂と不安定をもたらした。史上最大の過ちの一つだ」とヤルタ会談を批判し、ヨーロッパの分割を認めた点でアメリカにも責任があると述べた。共和党は、民主党大統領のルーズベルトが東欧をソ連に売り渡し、その後を継いだトルーマンの弱腰が共産主義の拡大を招いたと批判してきた。ヤルタ密約についても、評価はわかれている。ソ連の対日参戦という密約が当時のアメリカの国益に適っていたのか、その後の歴史を見る限り、長期的にはアメリカの国益にとってプラスだったとは言えない。朝鮮半島や台湾海峡で対立と緊張を生み出す冷戦構造の残《ざん》滓《し》はヤルタに発している。戦後、チャーチルは自分の頭越しにヤルタ密約が結ばれたと釈明したが、スターリンへの警戒を怠り、アジアの戦後秩序を構想する力を欠いたルーズベルトの独断が日本とアジアの運命を大きく変えたとも言える。

ヤルタ会談（1945年2月）
（前列左から、チャーチル、F. ルーズベルト、スターリン）

この歴史的会談に参加した三人のうち二人は、戦後秩序を構想しただけで姿を消した。大戦終結の一九四五年という歴史的一年が過ぎる頃には、ルーズベルトは没し、チャーチルは選挙に敗れて政界を去り、スターリンのみが戦後に向けた大国間の駆け引きを体験した指導者として新参者を翻弄することになった。共産主義は、ソ連の国境を越えてヨーロッパ大陸、そして世界に広がりつつあった。

米ソ冷戦の幕開け

一九四六年三月、首相を退任したチャーチルは、アメリカで講演し、ヨーロッパには「鉄のカーテン」が降ろされ、暗黒時代に逆戻りするかもしれないと警鐘を鳴らし、自由と民主主義の確立のための団結を訴えた。

チャーチルの講演を傍らで聴いたトルーマン大統領は、一九四七年三月、米議会で特別教書を発表し、ギリシャとトルコの危機の背後にソ連の影響力の浸透があることを示唆し、「武装した少数者や外部からの圧力による征服の試みに抵抗している自由な諸国民を支持することこそ合衆国の政策でなければならない」と語り、両国支援への支持を求めた。いわゆる、「トルーマン・ドクトリン」である。

同年六月、マーシャル国務長官は、ハーバード大学で講演し、「特定の国家や主義に対してではなく、飢餓、貧困、絶望、混乱に対して向けられる」大規模な復興援助をヨーロッパに供与する「マーシャル・プラン」を発表した。

トルーマン大統領は、「アメリカほど強力な経済でさえも貧困と欠乏の世界の中で繁栄を維持することはできない」と訴えた。この言葉通り、アメリカの国益は世界の利益と重なり合うまでに大きくなっていた。ヨーロッパが共産化の波に飲み込まれつつあるとの危機感が広がりを見せる中で、アメリカはトルーマン・ドクトリンとマーシャル・プランによって自由主義諸国防衛の強い意志を示した。それは「ソ連封じ込め」政策として、その後冷戦が終わるまでアメリカ外交の礎石となった。

共産主義対自由民主主義というイデオロギー闘争は、核開発競争と地域紛争をともなって過熱していった。アメリカが広島と長崎に原爆を投下した四年後には、ソ連も原爆の核実験に成功し、両大国は「核抑止」という言葉に追い立てられるように核開発競争に鎬《しのぎ》を削った。一九五二年、アメリカは最初の水爆実験を行ったが、早くも翌五三年にはソ連も水爆実験を行い、アメリカに追い付いた。そして、七〇年代初めまでに英国、フランス、中国も水爆を保有した。世界は核戦争の脅威に晒《さら》されることになった。

米ソの冷戦は、北朝鮮の金日成《キムイルソン》の野望と両国指導者の誤算によって初めての軍事的衝突を生んだ。スターリンにとっては、アメリカの参戦が、そして、トルーマンとマッカーサーにとっては中国の参戦がそれぞれ予想外であった。三年以上続いた朝鮮戦争は核戦争の一歩手前まで行ったが、スターリンの死によって休戦した。戦線は南下したり北進したりして、半島全土が荒廃し、南北朝鮮合わせて三五〇〇万とも言われる死者を出し、離散家族も一〇〇〇万人に上った。アメリカは一四万人の犠牲を出し、中国も軍民合わせて九〇万人が犠牲になった。

第三世界での戦争と苦悩

奇妙なことに、自由と民主主義がファシズムを打ち負かし、そして共産主義に対抗しようとしているときに、その戦列の中心にいるはずの西欧諸国は、古い植民地帝国の衣をまとって第三世界のナショナリズムに無理解な戦争を繰り広げた。

国家の歴史に自由という価値を刻みこんできたフランスはベトナムやアルジェリアでそうした価値とは相容れない戦争に国力を浪費し、そして屈辱的敗北を喫した。イギリスがマラヤで、オランダがインドネシアで同じような敗北を被った。西側に対抗するソ連は、植民地側に立って武器や援助を提供した。アメリカは、それを国際共産主義とみなし、西欧諸国の「反共」の戦いを支援した。冷戦が生んだ第三世界の苦悩と戦争は、戦後世界において比類なき力と価値を持ち、夢を語ってきたアメリカの苦悩と戦争でもあった。

一九六〇年、ソ連のフルシチョフ書記長は、国連総会で、靴を脱いで机に叩きつけ、アメリカの帝国主義を黙らせてくださいと議長に叫んだ。そして、ソ連はすべての民族解放の戦いを支持すると演説した。ケネディは、大統領就任演説において、「我々はいかなる代償を払っても、いかなる重荷を背負っても、いかなる困難にぶつかっても、必ずやすべての友人を支援し、自由が確実に生きて繁栄できるようすべての敵と対決することを知らしめよう」と述べた。

しかし、アメリカは大きな重荷と困難を背負うことになった。フランスの撤退の後も南ベトナムの腐敗した非共産主義政権が生き延びていたのは、アメリカの支援によるものであった。ベトナム戦争は泥沼化し、アメリカの偉大さは傷ついた。

マクナマラ国防長官は、著書『果てしなき論争』において、アメリカという超大国の犯した失敗を率直に語り、大国の一国主義的政策や大国にありがちな驕り、軍事力の限界への認識不足などを失敗の原因として挙げた。

戦後のアメリカの世界戦略は、欧州の復興、日本やドイツの民主化、朝鮮半島での共産主義の抑止など、多くの成果を生んだ。それだけに、ベトナムでの失敗はアメリカの外交のみならず、政治や社会にも深刻な影響を与えた。対外政策をめぐる議会の分裂を生み出す契機ともなった。

そんな中にあっても、「道徳的な例外主義」と呼ばれる建国以来の自由や民主主義といった価値を重視する姿勢は変わらなかった。それはまた、「過去のどの時代にも、現在でも、アメリカ人の大多数は、自国の利益を追求すれば人類全体の利益を追求できるとの見方を容易に受け入れられる」(ロバート・ケーガン)というアメリカの尊大さも意味した。

7 キューバ危機と世界益・人類益

ケネディの決断

冷戦は、核戦争によって互いに滅亡する危険をはらんだ「恐怖の均衡」の上に立つ。そこには米ソ間の不信や対立がいかに激しくても、直接的な戦争だけは避けるという双方の暗黙の了解が存在した。国際政治学者ヘドリー・ブルは、冷戦が最も激しかった時でさえ、米ソ両国は「外交関係を遮断したり、相互の主権承認を取り消したり、共通国際法の概念を否認したり、国際連合を解体して相対立する機構に分裂させたりはしなかった」と指摘して、「国家の共通利益、国家によって受け入れられた共通規則、国家の手によって機能している共通制度といった観念」の役割に光を当てた。その役割はキューバ危機において発揮された。

一九六二年、ソ連がフロリダの鼻先にあるキューバに核ミサイル基地を建設していることを知ったアメリカがカリブ海で海上封鎖を実施し、米ソ間の対立・緊張が高まり、核戦争勃発の危機が起きた。フルシチョフがミサイル撤去を発表するまでの一三日間、ケネディ大統領はこの危機にどう対処するか、一四〜一五人のメンバーからなる国家安全保障会議執行委員会（EXCOMM）を断続的に開催し、議論を重ねた。そして、六つの選択肢がテーブルに上がった。①何もしない、②ソ連の譲歩を引き出す外交（トルコからのミサイル撤去との取引）、③カストロへの働きかけ（キューバ・ソ連関係見直し要請）、④海上封鎖、⑤キューバのミサイル基地への空爆の実施、⑥キューバ侵攻。

空爆を主張する声が強まる中で、ケネディ大統領は、熟慮の末、海上封鎖を選んだ。それは、「何もしない」と「武力攻撃」（⑤か⑥）の中間的措置であり、アメリカの強い意志を示すには十分でありながら、空爆ほどには拙速でもなく、バランスの取れた選択であった。

ホワイトハウス執務室で苦悩するケネディの姿（1962年10月）

ケネディの決断は、アメリカへの核の脅威を取り除こうとすれば人類の破局に直面するという未曾有の心理的圧力に直面しながら、極めて限られた時間と不十分な情報の中で行われた。にもかかわらず、アメリカの安全という「死活的国益」と人類の生存という「世界益」を守るという外交目標を達成した。

ケネディ政権は、国際社会の理解を得るための多国間外交に努めた。国連安保理やＮＡＴＯの支持を得た他、米州機構（ＯＡＳ）では海上封鎖（アメリカは「隔離」と呼んだ）の法的正当性を確認することでアメリカの立場を強化した。国連安保理で初めて世界に示されたミサイル基地の写真は効果的だった。アメリカは国連の場を通じて、海上封鎖の具体的範囲を示すなど、ソ連との意図せざる衝突を避ける努力もした。多国間主義は、道義や国際法上の正当性を高め、国際世論を味方につける上で有用であった。そんな多国間主義も今日のアメリカ外交からは姿を消した。

政治的リーダーの理性

キューバ危機の全容が明らかになっている今日、様々な議論や批判は可能であろう。しかし、危機の最中、ミサイルと一緒に核兵器もキューバに持ち込まれていた事実をアメリカはつかんでいなかった。現場のソ連指揮官の決断次第では、核ミサイルがアメリカ本土に発射される可能性もあった。軍が主張した武力行使は極めてリスクの高い選択肢だったということになる。当時の緊迫した状況の中で、目標を見失わず、冷静で合理的な決断を下すことのできた指導者を持てたアメリカと世界は幸運だった。

また、そこにはカストロの核攻撃進言を撥《は》ね除《の》けたフルシチョフの冷静な判断もあった。当時司法長官としてEXCOMMの重要メンバーとなって兄を支えたロバート・ケネディ（武力攻撃に反対し、海上封鎖を主張した）は、「（ケネディ大統領は）何が自国の利益で、何が人類の利益かを、適切に判断したフルシチョフを尊敬した」と回顧録（ロバート・ケネディ著『13日間』）に記している。

その言葉から窺われるように、ケネディ大統領は、驚くべき柔軟性と共感をもって、自らをフルシチョフの立場に置き、どうすれば彼が面子《メンツ》を保ちながら状況を打開できるかを懸命に考えた。たとえば、彼は、戦争の一形態を意味する「海上封鎖（blockade）」ではなく、「隔離（quarantine）」の言葉を使うよう命じ、ソ連の貨物船が近づくと封鎖線を動かして臨検や衝突に至るのを避ける努力をした。また、ロバート・ケネディとソ連大使のチャネルを通じて、キューバからのミサイル撤去がなされればトルコからミサイルを撤去する意思があることを密かにフルシチョフに伝えてもいる。

キューバ危機の中で、ケネディ大統領は、「ソ連を、一インチでも必要以上に押しまくるつもりはない」と述べている。キューバへの核ミサイル配備がアメリカの死活的国益に関わることをフルシチョフ書記長に理解させる一方で、「核保有国は相手側に屈辱的な敗北か核戦争かのどちらか一方を選ばせるような対決を避けなければならない」との態度も貫いたのである。

キューバ危機での「譲歩」が一因となってフルシチョフは二年後に失脚する。しかし、ソ連がキューバから攻撃的兵器を撤去する代わりに、アメリカはキューバを攻撃しないと約束し、それは実行された（危機の一年前、アメリカはカストロ革命政権転覆を企図した侵攻を行い失敗した＝ピッグス湾事件）。そして、トルコのミサイルも撤去された。フルシチョフは、決して「屈辱的な敗北」をしたわけではなかった。

フルシチョフ書簡で述べた通り、「理性が勝利をおさめ」、人類滅亡にもつながりかねない核戦争は回避された。ロバート・ケネディは回顧録をこう結んでいる。

「もしこれが一つの勝利であったとするならば、それは次の世代にとっての勝利であって、特定の政府や、特定の国民にとっての勝利ではなかったのである」

核戦争は必ず双方とも滅びる「相互確証破壊」と言われる。その瀬戸際でせめぎ合う国家に勝者はいない。双方とも生き延びるか、それとも双方とも滅亡するかである。キューバ危機はそんな恐怖を米ソ両国の政府と国民に植え付けた。「恐怖の均衡」の下で、滅亡を避ける理性が働き、危機から二七年間、米ソ間に戦争は起きず、冷戦は終結した。

米ソ両国は核抑止という考え方の下で、極限状態においてすら互いに使用不可能な兵器の生産とその破壊力の向上に膨大な資金と資源を投入した。そこには、恐怖と不安に支配された「国家理性」の存在があった。四〇年にわたる冷戦が軍拡競争ではなく、世界の貧困や格差の是正とグローバル・ガバナンスの強化の時代になっていれば、そして、大量破壊兵器の拡散に断固たる取り組みがなされていたならば、今日の世界は随分違った姿となっていたであろう。

今、世界は北朝鮮の核・ミサイル問題に直面している。「相手を追いつめずに、しかも相手に圧力を加えた戦略」によって、ロバート・ケネディが残した「次の世代にとっての勝利」は訪れるのであろうか。政治的リーダーの理性が試されている。

8　冷戦終結と九・一一の衝撃

「パクス・アメリカーナ」

一九八九年一一月九日、東西冷戦の象徴であったベルリンの壁が崩壊した。フランシス・フクヤマは、この歴史的転換を「歴史の終わり」と呼んで、人類が自由民主主義に向から世界の流れが主流となり、理性に支配される歴史の究極的な目標は自由であるとの哲学者ヘーゲルの歴史観が実現されると語った。

楽観論と「フラット化する世界」(トーマス・フリードマン)は、民主主義と市場経済が広がる平和と繁栄の時代を約束したかのようであった。欧州では、国家の主権や内政不干渉を柱とするウェストファリア・システムを乗り越え、欧州連合(EU)の拡大と深化が続いた。それは、ヘーゲルを含むドイツ観念論への系譜を作ったイマヌエル・カント(一七二四―一八〇四)が著書『永遠平和のために』で描いた「自由な諸国家の連合」という夢に向けて前進するかのようであった。民主化と市場経済化の進展が期待されたロシアは、G7サミットに参加した。東アジアでは、東南アジア全域を包摂したASEAN、改革・開放を推進した中国などを中心に高い経済成長が続いた。そんな中で起きた一九九七年のアジア通貨・経済危機は域内の経済相互依存の高まりを認識させた。事実上の経済統合が進む中で、制度的統合への模索が始められた。その年に始まったASEAN+3(日中韓)首脳会議は、翌年、定例化され、一九九九年には、日中韓首脳会議もスタートした。その渦中にいた筆者は、東アジアの地域主義のうねりを感じながら、地域の対話と協力の強化に奔走した。

唯一の超大国となったアメリカは「世界の警察官」として世界を率いて湾岸戦争で勝利し、国際正義を実現した。ITが牽引する形で、空前の好景気にも沸いた。誰もが、「パクス・アメリカーナ（アメリカによる平和）」の時代を感じていた。

対テロ戦争と「国家安全保障国家」への変貌

世界中を巻き込んだ東西対立の中で、膨大な数の武器が世界中にあふれてしまった。冷戦によって抑えつけられていた民族・宗教の対立が表面化すると、そうした武器が暴力を武力紛争にまでエスカレートさせた。グローバル化の進展の裏で、テロリストが跋扈《ばっこ》し、大量破壊兵器の拡散も起きた。過激思想と暴力の広がりが「新たな戦争」を生み、自由で開かれた社会を直撃し始めた。

そんな時、アメリカを未曾有のテロが襲った。

二〇〇一年九月一一日に起きた同時多発テロは、それまでの安全保障観を一変させた。そして、冷戦に勝利したリベラルな価値――自由や人権、民主主義、法の支配といった普遍的価値――は、イスラム原理主義という過激思想と衝突することになった。

そもそも、テロそのものは長い歴史を持つ非近代的戦術であったが、冷戦後のテロはグローバル化と情報化の利便性を巧みに利用した新しいタイプの戦争として登場した。世界は戦場のない見えない敵との非対称な戦いに放り込まれた。「ブッシュの戦争」と呼ばれたテロとの戦いは、アフガニスタンとイラクにおいて超大国アメリカをアメリカ史上最長の戦争に引きずり込み、覇権国家を疲弊させ、世界に新たな緊張と対立の火種をまくことになった。

「民主主義の灯台」としてのアメリカによる中東民主化の夢は、IS（イスラム国）の台頭と難民危機やテロ頻発によって潰《つい》えた。その間隙を縫うかのように、ユーラシア大陸の東西では、強国復活を目指すロシアと「中華民族の偉大な復興」を掲げる中国が力による現状変更の動きを強め、リベラルな国際秩序に挑戦し始めた。そして、難民、感染症、気候変動、サイバー攻撃、金融危機が国境を超えて主権国家の安全と安定を脅かす。

東西対立という冷戦構造の下では、何が脅威で、何が国益かは明確であった。しかし、東側陣営が崩壊すると、脅威や国益は見えにくくなり、国際関係も流動化した。グローバル化と情報技術革命がそうした変化を複雑で不透明なものにした。

恐怖と脅威が増大する中で、国家は自由やプライバシーよりも安全を優先する「国家安全保障国家」に変貌する。敵は内外の至る所で攻撃の機会をうかがっているとの強迫観念が資源を軍事に集中させている。敵の殲滅のためにはあらゆる手段が正当化されるべきだとのイデオロギーが政治や経済に影響を与え、軍事が国家を壟断《ろうだん》するようになった。国家・国民の安全の名の下で、情報は管理され、国民の自由な言論やプライバシーが制約されていく。

アメリカでは、法執行機関の権限が適用される行為の範囲を大幅に拡大した「愛国者法」の制定が議論を呼んだ。中国は「国家安全法」（二〇一五年）を制定し、軍事のみならず、政治、経済、文化、教育、インターネット、科学技術等あらゆる分野で安全を強調し、国家統治を強化している。日本でも、安全保障法制、国家安全保障戦略、特定秘密保護法、共謀罪等が制定された。中国の国防費増や軍事力増強は続き、アメリカも核戦力増強や国防予算拡大に転じた。日本の防衛予算も増大している。軍事力が重視され、「安全保障のジレンマ」という軍拡の連鎖が起きている。

ホッブズが描写した「万人の万人に対する闘争」の恐怖に支配される世界観が復権したかのようだ。

9　国益最優先の時代

「アメリカ第一」

地政学的に恵まれたアメリカは、世界最強の軍事力や世界最大の経済力を世界に投射することができた。また、アメリカ外交の理念を支えてきた理想主義は、歴代大統領を自由や民主主義という価値を広め、国際秩序を支える使命に献身させてきた。

戦後のマーシャル・プランや対日援助もその一つである。一九四六年から五一年にかけてのアメリカの対日援助の規模は一般会計の歳入の五分の一に達し、日本は戦後の最も困難な時期を切り抜けることができた。アメリカは、ベトナム戦争で大きく傷ついたが、その一方で、アメリカを中心とする自由民主主義陣営は同盟網を強化し、貿易や投資を拡大し、途上国支援を増大させ、冷戦に勝利した。アメリカが築き上げたリベラルな国際秩序は、アメリカの自由や民主主義や市場経済という価値を反映し、ルール・メーカーのアメリカの国益にも資するものであった。

しかし、「パクス・アメリカーナ」は、二一世紀初めのイラク戦争によって大きく揺らぐことになった。ベトナム戦争の教訓を活かせなかったアメリカは、地球の裏側の中東の砂漠に足を取られ、超大国としての力と権威を損ない、世界金融危機が追い打ちをかけた。軍事的・経済的に疲弊したアメリカの一極秩序は短命に終わった。

それでも、オバマ政権は国家安全保障戦略（二〇一五年）において、他国の利益（「同盟国や友好国の安全」）や国際社会の利益（「開かれた国際経済システム」、「普遍的価値の尊重」、「法の支配に基づく国際秩序」の擁護）も国益として位置付けた。世界はそこに「偉大なアメリカ」の自負を見た。

しかし、トランプ大統領にとって、そんな理想主義は「偽善」であり、胡散臭《うさん》い「政治的正しさ（political correctness）」でしかない。「機能不全のアメリカ」（D・Trump『Crippled America』）を再び「偉大なアメリカ」にすると叫び、「アメリカの産業や軍隊や国境や富を犠牲にして外国を助けてきた」政策から「自国民最優先」の政策に大きく舵を切った。そこに掲げられたのは、ひたすらアメリカの利益を追求する「アメリカ第一（America First）」だ。二〇一七年一二月に発表した「国家安全保障戦略」では、次の四つの死活的利益を守ると宣言した。

①アメリカ国民、アメリカ本土、及びアメリカの生活様式を守る（国境管理の強化や移民政策の改革など）、②アメリカの繁栄の促進（アメリカの労働者と企業に裨益するアメリカ経済の活性

化、貿易不均衡を是正する公正で相互主義的な経済関係)、③再建される米軍の力による平和の確保、④アメリカの影響力の増進。

そこには、アメリカが掲げてきた「民主主義の灯台」という理念もなければ、国際益や世界益といった理想主義的視点もない。

トランプ大統領の世界観は、誰もが自らの利益を追求して闘争する「経済リアリズム」である。世界に利用されてきたアメリカの力をアメリカの利益の追求に向け直し、そして勝利する。それが、トランプ大統領のビジネス流外交スタイルである。しかし、「アメリカを再び偉大な国にする」と叫ぶトランプ大統領は、アメリカを「偉大な国」ではなく、「普通の国」に変えてしまった。

更に言えば、トランプ大統領の言う「国益」はアメリカの一部の利益を代表する「部分益」でしかない。そこには、アメリカの成長力を掘り起こし、国力を増大させ、長期的な利益につなげていこうとする戦略は存在しない。ポピュリズムと短期的利益を追いかけるトランプ政治によってアメリカの衰退が加速する。

ソフト・パワーを軽視するトランプ大統領

トランプ政治の特徴の一つは、「アメリカを再び偉大な国にする」というスローガンに象徴される「力の回復」への意志である。「アメリカは再び勝ち始め、かつてないような勝利を収めるだろう」と宣言したトランプ流勝利の方程式は、一にも二にも、世界最強のアメリカの軍事力にある。「すべては最も強い軍隊から始まる、すべてが」(前掲書)との言葉からは、セオドア・ルーズベルト大統領の「砲艦外交」を想起させる。世界最強の軍事力に経済力(市場と消費)も動員し、国益を最優先するトランプ外交は世界を身構えさせる。

応分の負担をしていない同盟国には負担増を求め、貿易赤字を計上してきた諸国には高関税を課する。保護主義批判など歯牙にもかけず、自国の利益を最優先する。特に、アメリカから雇用を奪い、ハッキングで技術を盗み、為替操作を行ってきた中国には貿易戦争も辞さない。TPP(環太平洋パートナーシップ)やNAFTA(北米自由貿易協定)などの多国間取り決めではなく、二国間交渉によって「公正」で「相互主義」的な貿易を追求する中で、タフな交渉者を自任し、アメリカが常に勝者となることを約束する。しかし、こうした大統領の姿勢はアメリカのイメージやソフト・パワーを大きく損なう。

アメリカの強さは、軍事力や経済力にだけあるのではない。大国になればなるほど、ハード・パワーに加えて、「ソフト・パワー」にも目を向けなければならない。ジョセフ・ナイ教授は、国家のソフト・パワーとして、「民主主義、個人の自由、開放性を重視する価値観」などを挙げる。それは、独裁や専制に苦しむ人たちに希望を与え、自由や成功を求める人々を招き寄せ、アメリカを偉大な国家たらしめた。

しかし、トランプ大統領は自由貿易、人権、地球環境などに背を向け、アメリカの「民主主義」や「開かれた価値観」に無頓着な挑発的言動を繰り返し、国境の壁を高くし、反移民政策を推進する。自国の利益だけを追求する「アメリカ第一」とハード・パワーに頼るだけの「力の外交」は、世界で反発を招き、対米感情を悪化させ、アメリカの安全や繁栄にも資さない。軍事力によって、若者をテロに駆り立てる過激思想を根絶することもできない。

ハード・パワーに陰りが見える超大国アメリカにとって、ソフト・パワーは貴重な戦略的資源である。それは、増大する力を振り回し始めた中国には簡単に手にできないパワーであり、世界秩序を担う「正統性」の源泉でもある。そんなパワーを軽視すれば、アメリカは最早《もはや》世界のリーダーたり得ない。

10　リベラルな国際秩序の瓦解

流動化し、液状化し、無秩序化する世界はどこに向かうのか？

その答えは、戦後世界を六〇年以上にわたってリードしてきたアメリカと、世界の頂点を目指す中国の行方、そして両大国の関係にかかっている。次章では、中国に焦点を当てて詳しく論じるが、ここではトランプ政治によるリベラルな国際秩序の瓦解について導入的な問題提起をしておこう。

ここでの「リベラルな国際秩序」とは、「自由で開かれた、法の支配に基づく国際秩序」を言う。それは、第一に、国際司法裁判所（ＩＣＪ）などの国連機関を中心とする国際機関や国連海洋法条約（ＵＮＣＬＯＳ）などの国際的なルールや規範（「法の支配」）、第二に、ＩＭＦ・世界銀行を柱とする国際金融体制とＷＴＯ（世界貿易機関）やＴＰＰなどの多国間貿易取り決め（「自由で開かれた国際経済システム」）によって支えられる。今、世界は、このリベラル秩序が瓦解の危機にある。

この危機を煽る「張本人」がトランプの「アメリカ第一」であることは指摘した通りだ。「力」対「法」、「保護主義」対「グローバリズム」、相反する要素が鬩《せめ》ぎ合う中で、法の支配や自由貿易は消え入りそうになっている。

「力」対「法」

主権国家以上の政治権力の存在しない国際社会において、「法の支配」による正義が実現するか否かは大国の国益に適うかどうかに左右される。そして、国際社会での「法の支配」は大国の国内における「法の支配」を映し出すものである。

中国の「法の支配（rule of law）」は、共産党指導の下での「法による支配（rule by law）」を意味する。習近平国家主席が国連演説で「全人類の共通の価値」であるとした「公平」と「正義」は中国社会で踏みにじられている。警察の過剰な権力行使で青年を死亡させた「雷洋変死事件」では検察が不起訴を決定し、民衆の怒りを買った。人権弁護士やメディアへの締め付けも強まる。こうした中国国内の現状に鑑みれば、「法の支配」に従う対外的行動を期待することは難しい。

ロシアも「法の支配」に挑戦する。二〇一六年一一月、国際刑事裁判所（ICC）はクリミアの現状をロシアによる占領と認め、これに反発したロシアはICCから脱退した（注：アメリカは自国の軍人が訴追される可能性を危惧してICCには未加盟）。クリミア編入後、ロシアはウクライナ東部での紛争にも介入し、親ロシア派武装勢力を支援する。欧米諸国は対ロ制裁を続けるが、ロシアはサイバー攻撃やフェイク・ニュースによって欧米諸国の政治に干渉する。

こうした権威主義国家の「法の支配」を無視した「力の行使」にどう対処すべきか？リアリスト達はこう答えるだろう。「力」に訴える国家に「正義（法）」を説いても効果はない。詰まるところ、「力」には「力」しかない。それが権力政治を特徴とする国際社会の現実だ。

そんな答えに賛同するのがトランプ大統領だ。二〇一七年末の国家安全保障戦略では、同戦略について、「国際政治において力が果たす中心的な役割を認識し、主権国家が平和な世界への最良の希望であると確認し、かつアメリカの国益を明確に定義している点で現実主義的である」と明記し、パワー、主権、国益を強調している。

そうした認識に立って、国防費を増額し、世界最強の軍隊を堅持する立場を鮮明にし、「大きな棍棒を持って、穏やかに話せば、成功する」（セオドア・ルーズベルト大統領）との「力による外交」を志向する。大国の力を背景とする国益追求によって、「法の支配」は色褪《あ》せる。

「保護主義」対「グローバリズム」

リベラル秩序を擁護すべき欧米民主主義諸国で、ナショナリズムやポピュリズムが高まり、政治が内向きとなって、保護主義が台頭している。

冷戦後、東西の壁が崩壊し、世界は大グローバル化の時代に入った。欧米や日本の企業は低賃金など最適条件を求めて海外展開を加速した。特に製造業分野では、多くの工場が先進国から新興国に移転した。それは、途上国、特に新興国と言われる国家の経済発展を後押しし、中国を中心に何億人もの人々を貧困から抜け出させた。二一世紀に入る頃までには、八三の開発途上国がOECD加盟国の二倍も高い経済成長率を達成していた。中国は「世界の工場」となった。安価な中国製品がアメリカ市場に還流し、「メイド・イン・アメリカ」は駆逐された。

アメリカでは、グローバル化によってアメリカ製造業の雇用が奪われたとの批判が広がり、世界的に保護主義のうねりが顕著となった。しかし、そこには一つの重要な変化が見落とされている。それは、ロボットを始めとする自動化の進展である。

機械は人間よりも効率、安全、一貫性で優れている。職場の人間関係や退職金・年金・健康保険・産休などの心配もない。マッキンゼーによれば、職業の六〇%は、そのビジネス活動を三〇%以上自動化できるとの結果が出た。科学技術の進歩が人間の存在意義を問い直している。

愛知県豊田市にあるトヨタ堤工場の自動化は訪れる人々を驚嘆させる。プリウスを生産する巨大な溶接ラインには、一五〇〇台のロボットが並んで火花を飛ばし、一台当たり四〇〇〇ヵ所を溶接し、四〇〇の部品を取り付ける。そこに人はいない。ここでは自動化を超える「自働化」(品質・設備に異常が発生した際に機械が察知して止まる)が行われ、問題の発見、品質改善、生産性のさらなる向上が図られている。

豊富で安価な労働力を使った組み立て加工により輸出大国となった中国でも、製造業の自動化が進む。人件費の高騰や熟練労働者の不足(労働人口は二〇一〇年の九億人強をピークに減少)がその背景にある。中国沿岸部製造業の時間当たり平均労働コストは、急速にアメリカのレベルに近づいている。中国の安価な労働コストによる競争力は失われた。中国経済を牽引してきた外国企業の生産拠点の国外移転も進む。中国政府は生産性を高める産業構造の転換を進める。その一つが自動化だ。雇用問題に与える影響を懸念する声もあるが、中国はサービス業など新たな雇用の創出と生産性向上の両立を目指す。中国のGDPに占める消費のシェアは四〇%以下と伸び代が大きく(アメリカは七〇%)、人件費の上昇を消費の拡大による経済成長と新規雇用増につなげることができれば構造転換は可能だ。その前提に立って、工場の自動化を大胆に進め、すでに、産業用ロボットの売り上げは世界最大である。ロボット産業は、「中国製造二〇二五」戦略の重点分野でもあり、国家から補助金を始め手厚い保護を受けて黄金時代を迎えている。

アメリカのボール・ステイト大学の調査では、ロボットなど内的要因によって失われた

中国のロボット導入工場（qlmoney.com）

雇用が貿易で失われた雇用をはるかに上回った。また、ＩＴや自動化によるコスト削減と途上国の労働コスト上昇にともない、アメリカ企業の国内回帰も始まっている。アメリカのある調査（The Reshoring Initiative）では、海外に奪われる雇用の減少が米企業の回帰や海外からの対米投資による雇用の増加によってほぼ埋め合わされているとの結果も出た。人工知能（ＡＩ）も新たな雇用革命を引き起こしつつある。

グローバル化に壁を立てるのでは二一世紀の繁栄はない。「フラット化する世界」で生まれる新しい価値や革新を取り込み、多様な人々と共同作業を営むことによって豊かな明日を創り出すことが可能となる。

しかし、トランプ政権はグローバル化に背を向け、ＴＰＰから離脱し、北米自由貿易協定（ＮＡＦＴＡ）を再交渉する。巨額の対米貿易黒字を抱える中国などには高関税を課す保護主義に走る。そして、「アメリカ製品を買い、アメリカ人を雇え」と呼ぶ。アメリカが支えてきた「自由で、開かれた」グローバル市場はその中心にあるアメリカ市場から閉ざされようとしている。

ツイッターからは、反移民や保護主義の言辞があふれ出る。ベルリンの壁崩壊が象徴した「開かれた国境と開かれた社会」も新たな壁の建設によって過去のものとなるのだろうか？　アメリカが自由貿易を支え気候変動問題に取り組むとの国際益の視点を無視し、外交や開発援助や地球環境の予算を削減し、世界の貧困や難民の現場から撤退すれば、世界の秩序はどうなるだろうか？

アメリカがリベラル秩序を支える意思と能力を失う中で、非リベラル大国の中国が自信を強め、新たな秩序の構築に乗り出している。二つの大国の追求する国益とパワーをめぐる闘争は将来の覇権国や世界秩序を決める重大な局面に差しかかっている。次章では、こうした両大国の攻防の行方を展望する。

第三章　国益とパワーをめぐる大国の攻防

1 「大復興」する中国の国益と戦略

（1）国益優先の外交へ

増大する国益と高まる自信を背景に、中国は力と国益を前面に出す外交を展開するようになった。その変化は、「韜光養晦」、「平和発展」、「積極有所作為」、「核心利益」、「奮発有為」、「新型大国関係」という六つの言葉に現れている。

「韜光養晦、有所作為」

「韜光」とは、外に現れる能力（「光」）を隠し（「韜」）、「養晦」とは、月のない夜（「晦」）に修養する（「養」）ことを意味する。（鄧小平が始めた経済の改革と開放に専念し）、力を蓄え、時を待ちながら、できることを少しだけやる。すなわち、国力が劣勢なうちは紛争を避け、他国との摩擦や対立を減らして、国際社会の警戒感を招かないよう、対外的に目立たず、低姿勢を保ち、専ら国力の回復と増進に努める。それが天安門事件後の鄧小平の戦略（というより戦術）であった。

一九九二年には、「韜光養晦をもう何年か続けることで初めて比較的大きな政治的力を持つことができ、国際社会での発言力も違ったものとなるであろう」と述べ、この戦略を続けることを指示している。その結果、年率一〇％を超える高い成長を続け、九〇年代末には東南アジア諸国の強力な輸出競争相手となった。中国への警戒感は高まり、脅威論も語られた。中国が、ASEANの呼びかけに応じて、日本及び韓国とともにASEAN＋3（日中韓）首脳会議に参加し、「人民元引き下げはしない」と明言した背景には、中国脅威論を打ち消し、良好な周辺環境を目指す「韜光養晦」戦略があった。

こうした中国の地域的多国間外交への積極的参加は、伝統的な中華思想を滲《にじ》ませる「周辺」概念が東アジアという「地域」概念の色を帯びることで、東アジアの国際益という視点を育む機会となった。当時、ASEAN＋3首脳会議の日本代表団席で中国首脳の発言を聞いていた筆者には、その協調的で融和的な発言がことのほか印象に残った。その後も、中国は「ASEAN自由貿易地域」創設の提案や日本に先駆けた「東南アジア友好協力条約（TAC）」署名など、「韜光養晦」の下での建設的「有所作為」に努めた。

「平和発展」

二〇〇一年のＷＴＯ加盟を経て、中国の経済台頭への関心は一層高まった。二〇〇三年、中央党校の元常務副校長の鄭必堅はボアオ・アジアフォーラムで「平和台頭」論を発表する。その後、温家宝首相がハーバード大学で、「中国が選んだのは平和台頭の発展の道である」と述べ、胡錦濤国家主席も毛沢東生誕一一〇周年記念座談会での講話で「平和台頭」を強調した。こうして「平和台頭」は中国政府の公式の戦略思想となった。

しかし、問題は、「平和」であろうと何であろうと「台頭」は台頭であり、そのこと自体が周辺国の不安や懸念を惹起し、他の大国の警戒感を呼び起こすという国際政治のリアリズムにある。意図がどうであれ、一国の急激な力の増大は現状変更につながり、安定、平和、調和といった価値を揺るがす。そして、バランス回復へのダイナミズムが動き出す。台頭国家に対する他の諸国の提携・連合は国際政治の自然の摂理とも言える。それは中国自身が合従連衡を始めとする自らの歴史から学んできたことでもある。

世界史はいくつものパワーの台頭を記録している。その過程で戦争が起きて、大国の興亡につながった。「台頭」という言葉はそうした歴史的意味合いを帯びている。「平和台頭」も様々な議論を惹起した。

二〇〇五年に発表された「中国の平和発展の道」白書では、「台頭」に代えて「発展」

という言葉が使われた。二〇一一年版「中国平和発展白書」では、「平和発展」の特徴として、①科学的発展（人と自然の調和を含む持続可能な発展）、②自主的発展（独立自主と改革・開放により発展の重心を国内に置く）、③開放的発展（対外開放の推進と国際交流の強化）、④平和的発展（発展のために平和で安定した国際環境を作ることを対外工作の中心任務とし、侵略拡張を絶対に行わず、永遠に覇権を唱えず、世界と地域の平和と安定を守る揺るがぬ力となる）、⑤合作的発展（国際協力を拡大してグローバル化の諸問題に対処する）、⑥共同発展（ウィン・ウィンや国益と人類共通の利益の一致により世界各国共同の発展と繁栄を実現する）が挙げられた。国際社会の懸念や警戒感を和らげたいとの中国の狙いが透けて見える。

「積極有所作為」

そんな思いが過去のものとなる年が二〇〇八年である。この年の北京オリンピックの成功や世界金融危機での「一人勝ち」により、中国では大国意識が芽生え、「韜光養晦」は事実上放棄される。二〇〇九年、胡錦濤国家主席は、海外に駐在する大使と総領事を集めた会議で「堅持韜光養晦、積極有所作為（断固として韜光養晦を続け、積極的になすべきことを少しだけなす）」を行うよう訓示した。

そもそも、「韜光養晦」と「有所作為」の関係については様々な解釈があったが、「堅持」と「積極」も議論となった。胡錦濤の言葉の背景には、名実ともに世界の大国となった中国は「もはや隠れてはいられない」し、「力関係が変化した現在、必要な時には力を使うべきだ」といった声の高まりがあり、重点が「堅持」より「積極」に置かれたのは明白であった。

国力の増大によって、中国の国益は国境を超えて広がりを見せた。経済成長にとって欠かせないシーレーンや海洋権益の防衛、海外に進出する企業や自国民と投資財産の保護など、「積極有所作為（積極的にできることを少しだけやる）」または「積極作為（積極的にできることをやる）」の必要性は増した。同時に、自己主張を強め、影響力を強める中国は世界の政治・経済の構図を塗り替えるまでになった。そのパワーをひたすら自国の国益追求に使うのか、それとも、地域や世界の平和や繁栄に振り向けるのか、胡錦濤指導部は国内で高まるナショナリズムや大国意識と国際社会の中国に対する責任分担論のジレンマに揺れた。

「核心利益」

中国共産党は、巨大国家の安定と経済の発展を維持していく上で様々な難題を抱えてきた。それは、一つ間違えば共産党一党独裁を突き崩す一撃にもなりかねない。二〇〇八年には、チベット自治区で、二〇〇九年には新疆ウイグル自治区で暴動が起き、胡錦濤指導部はその収拾に追われた。背後に中国の発展を望まず、その分裂を画策する国外の勢力が存在するとの警戒感を強め、外交も「台独（台湾独立）」、「藏独（チベット独立）」、「疆独（新疆独立）」等の勢力との闘争に駆り出された。胡錦濤国家主席は、「外交工作は国家主権、安全、発展利益に奉仕すべきだ」と強調し、交渉の余地のない「核心利益」が中国外交の前面に登場する。

二〇〇九年、戴秉国《たいへいこく》国務委員は、①中国の国家体制や政治体制、②主権の安全、領土の一体性、国家の統一、③中国経済の持続的発展の保障を「核心利益」と位置づけ、これを侵すことは許さないと強調した。このように、中国の核心利益は、中国が警戒する脅威の裏返しであり、脅威認識を色濃く反映する。①には中国共産党が敏感になり、②にはナショナリズムを帯びた世論が反発する。

内政と外交が一体化する時代にあって、国内に火種を抱えながら爆走する巨大中国の指導者にとって、中国のボトム・ラインを「核心利益」として提示し、予防線を張ることが内外を総攬《そうらん》する上で必要とされた。二〇〇九年一一月のオバマ大統領訪中時の共同声明には、「核心利益を互いに尊重する」との文言が盛り込まれた。これはアメリカ国内の批判を招き、二〇一一年一月の胡錦濤国家主席訪米時の共同声明は「核心利益」という言葉には触れず、「主権と領土保全を尊重する」との表現に落ち着いた。

この年、中国は「平和発展白書」を発表し、①国家主権、②国家安全、③領土保全、④国家統一、⑤中国憲法で確立した国家政治制度、⑥社会の大局の安定、⑦経済社会の持続的発展が「核心利益」であり、これらを断固として守り抜くと宣言した。

この時の規定を、二〇〇二年の「中国国防白書」における国家利益の規定と比較すると、「平和的国際環境」が消えて、経済的利益の順位（国防白書では二番目に位置した「経済建設を中心として総合国力を向上させる」）が下がっている。ここにも、「韜光養晦」の下で平和な国際環境を求めつつ経済建設に邁進してきた時代に幕が下りたことが窺われた。なお、戴秉国が一番に挙げた政治体制は五番目に下がっているが、その背景には、最も重要なのは国家主権だとの批判が国内から出たことが指摘できる。

「国家安全法」（二〇一五年）は、「国家の政権、主権、統一と領土の保全、人民の福祉、経済社会の持続的発展」と規定した。しかし、その序列（「政権」が先か「主権」が先か）や中身には曖昧性が付きまとってきた。たとえば、主権に関わる問題として、台湾、チベット、新疆が「核心利益」とされてきたが、海洋進出に伴い、メディアやネットでは南シナ海や東シナ海の問題でも「核心利益」への言及が増えていった。

昂揚するナショナリズムに後押しされた「核心利益」によって、中国外交は自己主張を強め、しばしば柔軟性を失って強硬論に支配されることになった。

これに対し、中国の専門家からは、「核心利益」さえ脅かされなければ、中国は平和発展するのであり、「核心利益」と「平和発展」は矛盾せず、「核心利益」は「平和発展」の条件であるとの見解も示された。楊潔篪《ようけつち》外交部長は、「原則的立場の堅持と強硬か否かということは二つの異なるものである」と述べて、「核心利益」を守る行為を強硬と見ることに反論した。

習近平国家主席は、中国の「平和発展」は決して揺るがないが、だからと言って国家の「核心利益」を犠牲にすることは絶対にできないと言明する。「核心利益」は、中国のボトム・ラインを明確にすることで衝突を回避できると評価される一方で、国内ではそのラインからの後退ができなくなり、外交の柔軟性を失うことにもなる。二〇一六年七月、常設仲裁裁判所が下した裁定をめぐっては、呉勝利海軍司令官が南シナ海を「核心利益」と呼んだのに対し、外交のトップにいた楊潔篪国務委員は、「南シナ海の領土主権と海洋権益を守る中国政府の決意は確固不動」と述べるに止まった。

日本との関係では、尖閣諸島が「核心利益」かどうかが問題となる。日本のメディアや専門家からは、中国は尖閣諸島を「核心利益」と位置付けているとの声も出たが、中国政府が公式に尖閣諸島を「核心利益」と位置付けているとまでは言えない。たとえば、二〇一三年四月二六日の中国外交部の報道局長が尖閣諸島を「当然、中国の核心利益に属する」と発言したことが引用されてきたが、外交部のウェブサイト上の記者会見録では異なる発言が掲載され、会見での発言は事実上修正された。また、二〇一二年五月の日中首脳会談や二〇一三年六月の米中首脳会談では中国首脳が尖閣諸島を「核心利益」と結び付けて発言したと報道されたが、官房長官や外務省はそうした発言はなかったと説明した。

「奮発有為」

「韜光養晦」と「有所作為」という両論併記も、二〇一三年一〇月の周辺外交工作座談会において後者に軍配が上がる形で決着がついた。習近平総書記は、「奮発有為（発奮して何事かなさんとする）」によって周辺外交を推進し、中国の発展のために良好な周辺環境を勝ち取り、周辺国との共同発展を実現しなければならないと強調した。「奮発有為」は、「積極有所作為」よりも野心的であり、果敢にチャレンジして結果を出す姿勢を表している。明らかに「韜光養晦」とは対立する概念であり、ここに、「韜光養晦、有所作為」は正式に終わりを告げ、「奮発有為」が中国外交の基調となった。

それは、中国が国際場裏において、名実ともに世界の大国として、自らの国益を擁護し、自らの主張を発し、自らの提案を出し、政策を実現し、友好国を支援する「大国外交」を展開することを意味する。二〇一三年に訪米した習近平国家主席がオバマ大統領に提案した「新型大国関係」はその嚆矢《こうし》であった。

実際、その後、中国は「奮発有為」の外交を活発化させた。

中国はアジアのGDPの半分弱と貿易の三分の一を占め、多くの諸国にとって最大の貿易相手国である（アジア諸国からの輸入が最も多いのもアメリカではなく中国である）。中国の対外投資の増大や人民元国際化の動きもあり、アジア各国はアメリカ経済以上に中国経済の影響を受ける。こうした経済力を背景に中国の経済外交が活発化する。「一帯一路」は、背景に中国の過剰生産能力や経済成長減速もあるが、長期的戦略としては中国主導のユーラシア経済圏構築を目指す構想と言える。その推進役となるアジア・インフラ投資銀行（AIIB）には日米を除く先進民主主義国家も参加する。

二〇一四年、習近平は中央国家安全委員会の第一回会議において、「総合的国家安全観」を提示した。それは、自国の安全のみならず、運命共同体を創出し、各国が互いに利益を得て、共同安全の目標に向かうことだと説明された。

同年五月には、習近平はアジア信頼醸成措置会議（CICA）において、基調演説を行い、アジア諸国が共同でアジアの平和と安定を守る「アジア安全保障観」を提唱した。

二〇一五年九月の国連総会では、習近平が、協力とウィン・ウィンを核心とする「新型の国際関係」を構築し、「人類運命共同体」を築く必要性を強調した。

二〇一七年五月、習近平が主催した「一帯一路」国際協力サミットフォーラムには、二九ヵ国の国家元首、政府首脳が出席し、一三〇余りの国家と七〇余の国際機構から一五〇〇人余りが参加した。同年一〇月の党大会で「一帯一路」は党規約に盛り込まれ、中国共産党が不退転の覚悟で取り組む姿勢を示した。中国の新たな国際秩序作りへの外交攻勢が続く。

「新型大国関係」

米中間の覇権争いがいずれ戦争に至るとの見解は珍しくない。しかし、中国からは、相互依存の深まる米中関係はかつての大国関係や冷戦中の米ソ関係とは異なっており、新しい大国関係を確立することで、新興・既存大国間で戦争が不可避となるとの「トゥキディデスの罠」は回避できると説く声が聞こえる。

二〇一三年六月、国家主席として初めて訪米した習近平は、オバマ大統領との首脳会談で、「①対抗しない、衝突しない、②相互尊重、③協力とウィン・ウィン」(中国語で「不対抗、不衝突、相互尊重、合作共赢」)という一四文字方針の「新型大国関係」を提案した。楊潔篪国務委員の解説によれば、「ゼロ・サムゲームの考えを捨て、自国の利益を求める時、相手の利益にも配慮し、自国の発展を求めると同時に、共同発展を推進し、絶え間なく共通利益を実現するための仕組みを模索する」とある（中華人民共和国中央人民政府ウェブサイト、二〇一三年六月九日）。これは筆者が提唱する「開かれた国益」論に通じる建設的提案であるやにも聞こえるが、相手がアメリカではなく、中国にパワーで劣る国家に対しても表明され、実際の行動で実行されるのかが問われる。南シナ海での力による一方的現状変更を見る限り、自国より強大な国家に対する戦術であるとの指摘も出てこよう。

二〇一四年一一月に北京で開催された米中首脳会談では、習近平国家主席より、「新型大国関係」について、二〇一二年に提起した三原則を六原則に広げて再提案した。その中に、次のような原則がある。①「中国とアメリカは国情が異なる二つの大国で、互いの主権と領土保全を尊重し、それぞれが選んだ政治制度と発展の道を尊重し、自らの意志とモデルを相手方に押しつけない」、②「相手方の核心利益を損なうことをしない」、③「アジア太平洋地域において互いに包容し、協力を進める。広大な太平洋は米中両国を受け入れる十分な大きさがある」。

①と②のイデオロギーや価値をめぐる闘争をせず「核心利益」を尊重することはアメリカの干渉や「和平演変（平和的体制転換）」に対する中国の警戒感や防衛本能の裏返しである。逆に、③は中国大国外交の自信と本音が覗く。特に、「広大な太平洋は米中両国を受け入れる十分な大きさがある」との中国側の認識はアメリカとの力関係の変化を踏まえた

ものであり、アメリカの警戒心を高めるものともなった。二〇〇七年に訪中したキーティング米太平洋軍総司令官は、中国軍幹部と会談した際に「中国は空母を開発するから、ハワイから東をアメリカ、西を中国で管理しないか」と提案されたと議会で明らかにしている(二〇〇八年三月一二日の上院軍事委員会公聴会での発言)。彼は、この「太平洋二分割支配」提案を冗談と捉えたようだが、一方で中国軍の戦略的な考え方を示唆しているという見解も述べている。

二〇一四年五月、習近平は、CICA首脳会議で演説し、「アジアの事は結局、アジア人民に依拠して解決し、アジアの問題は結局、アジア人民に依拠して処理し、アジアの安全は結局、アジア人民に依拠して守っていかなければならない」と述べた。この発言は、「アジア新安全観」として提起されたもので、アジア・太平洋における米軍のプレゼンスを牽制する姿勢を示すものとなった。その上で、「CICAをアジア全体の対話の場にしよう」と呼びかけて、新たな安全保障協力の枠組みの創設に意欲を示した。一方、七月のソウル大学での講演では、習近平は「アジアはアジア人のためのアジア」であると述べた上で、「アジア人の協力に賛同する域外国の参加を歓迎する」とも述べており、「一帯一路」やAIIBといった経済イニシアチブへの域外国の参加や協力を念頭に置いた発言となった。二〇一七年一月に発表された「アジア太平洋安全協力政策」白書は、「同盟ではなくパートナーシップ」を提唱し、アメリカの同盟網に代わる新秩序を描く。

このように、アジアの経済秩序と安全保障秩序は中国の「大国外交」によって変化しつつある。そこには、経済上の国益はオープンでウィン・ウィン、政治・安全保障上の国益はクローズでゼロ・サムという中国の体制に関わる戦略思想が横たわる。しかし、「社会主義市場経済」という中国独特の制度が象徴するように、政治と経済の垣根は極めて曖昧であり、政治権力の市場への介入は習近平政権下での「共産党の全面的指導」によって強化されている。今や、外資企業にも共産党支部の設置が求められることへの懸念も高まる。

「韜光養晦」戦略の下での国際協調路線は、二〇〇八年以降、蓄えた力を外に誇示する「大国外交」に転じた。それは、「核心利益」においては譲歩せず、力に訴えてでも守り抜くという積極防御と、「新安全観」や「一帯一路」に見られるような力による新秩序形成という能動的攻勢からなる。

両側面を持つ海洋進出は、力による現状変更につながり、南シナ海での埋め立て・軍事化と尖閣諸島周辺への公船・航空機侵入は既成事実化した。中国の「核心利益」はパワーの増大により拡大し得る。チベット・新疆と台湾に加え、尖閣諸島や南シナ海も核心利益と明確に位置付けられれば、周辺国にとっては大きな脅威となる。習近平は、「中国の特色ある外交を揺るがず推進し、我が国発展に必要な平和な国際環境と良好な周辺環境を創り出した」と自画自賛する（二〇一七年七月二七日の学習会）が、朝鮮半島、台湾、東シナ海、南シナ海、インドやベトナムなど周辺環境は火種を抱えたままだ。

地域覇権を握りつつある中国と世界の覇権国から滑り落ちるアメリカは新たな関係の形を見出すことができるのだろうか。

（2）「強国・強軍」を目指す「中国の夢」

それは誰の夢なのか

二〇一二年一一月、党大会で新たな最高指導者に選出された直後、習近平総書記は他の六名の中央政治局常務委員を引き連れて、国家博物館での「復興の道」展を参観し、初めて「中国の夢」に言及する講話を行った。

「私は、中華民族の偉大な復興を実現することこそが、中華民族が近代以来抱き続けてきた最も偉大な夢である、と考えている。この夢は、数世代にわたる中国人の宿願を凝縮し、中華民族と中国人民の全体の利益を反映しており、中華の子女一人ひとりが抱く共通の願いである」

「歴史が我々に告げている通り、一人ひとりの前途と運命は国家と民族の前途と運命に密接に関係している。国家がうまくいき、民族がうまくいって初めて我々一人ひとりもうまくいくだろう」（強調は筆者）

アメリカが超大国への階段を駆け上った二〇世紀、「アメリカン・ドリーム」は世界中の多くの人々の魂を揺さぶり、アメリカ社会に引き寄せた。そして、「パクス・シニカ」となる可能性を秘めた二一世紀、「中国の夢」は中国を、そして世界をどう変えるのだろうか。この重大な問いかけに答える上で整理すべき疑問がある。

それは、「中国の夢」とは、誰の夢かという疑問である。

「アメリカン・ドリーム」は、機会の平等、能力主義、経済的活力に満ちた自由民主の資本主義大国だからこそ叶えられる国民一人ひとりの夢である。頑張っても頑張らなくてもみな等しく貧しい社会主義国家に夢はなかった。そして、社会主義陣営は崩壊した。その中で、改革・開放によって経済チャンスを国民に与えた中国共産党は生き残った。それどころか、歴史上最長・最高の経済成長を実現し、世界の成長センターとなった。一方、中間層の没落や格差の拡大で「アメリカン・ドリーム」は過去のものとなった。低成長、デフレ、借金、人口減少、少子高齢化の日本でも夢は聞かれない。

今、夢を語るのは中国である。そこに、中国の勢いを感じざるを得ないが、同時にそれは誰の夢なのかという疑問も湧く。習近平の講話には、「中華民族」と「中国人民」の二つの主体が集合名詞として登場する。そして、国家が発展し、民族が栄えてこそ国民一人ひとりの理想も実現できるとの論理が打ち出されている。すなわち、「(国家としての)中国の夢(the China's Dream)」、「中華民族の夢(the Chinese nation's dream)」、並びに「中国人(一人ひとり)の夢」は、すべて「中国の夢(the Chinese Dream)」なのである。こうして、「中国の夢」は、「国家の富強、民族の振興、人民の幸福」(党・政府の公式標語)という「三位一体の夢」となる。国家、民族、個人が一つの「運命共同体」として捉えられる「中国の夢」は個人の夢に止まる「アメリカン・ドリーム」とは異なる「中国の特色ある社会主義」の夢となる。これは、国家と国民の間にある歴史的緊張関係についての欧米の批判的認識からは生まれない観念である。

「二つの百年」

国家、民族、個人という三位一体の夢となるような共通目標とは何であろうか。

習近平が目指す目標は「二つの百年」である。暮らし向きがある程度裕福な「小康社会」を全面的に達成する中国共産党成立一〇〇周年の二〇二一年を経て、中華人民共和国成立一〇〇周年の二〇四九年には、「富強・民主・文明・和諧(調和)・美麗」の社会主義現代化国家を実現し、中等先進国の水準に達することを目指す。

ここに明らかなように、「二つの百年」は、人民を豊かにし、国家を強くする長期目標である。そして、習近平は、国家を強くするには、軍を強くしなければならないと説く。一八四〇年のアヘン戦争以来の中華民族の災難は、列強の軍事力が中国より強大であり、中国を侮ったことから始まったと認識するからである。「近代の屈辱」が「強国・強軍の夢」の背景にある。

「中国の夢」は、あらゆる分野・地域で提唱され、一四億人民が唱和する至言となった。「強国・強軍の夢」以外にも、「宇宙飛行の夢」、「空母の夢」、「スポーツ強国の夢」、「青年の夢」、「生態文明の夢」、「平和の夢」、「幸福追求の夢」、「四川の夢」（各省の名前を冠した夢は多数）、「一帯一路沿線の各国人民の夢」、「（台湾海峡）両岸共同の夢」、「アジアの夢」、「世界に貢献する夢」といった具合で、中国にはあらゆる夢が氾濫する。しかし、その中心には、「強国・強軍の夢」がある。党・政府の仕事はすべからく「強国・強軍の夢」につながり、その実現に向けての国民の共同努力が慫慂《しょうよう》される。

世界に燦然と輝く最強国家になることが国民一人ひとりの幸福にもつながるとの発想に、個人の夢を追いかける「アメリカン・ドリーム」によって強国となったアメリカや民主主義諸国の識者や国民は違和感を抱く。世界は「中国の夢」にどう向き合うのだろうか。

「強国」と「美麗」が意味すること

二〇一七年の中国党大会では、中華人民共和国建国一〇〇周年に「富強・民主・文明・和諧・美麗の社会主義現代化強国」を実現することが党規則に盛り込まれた。党大会前の表現に比べ、「社会主義現代化国家」の「国家」が「強国」となり、「美麗」が追加された。この二つの言葉から、中国の目指す国益を論じてみよう。

第一に、中国は「強国」にこだわる。

中国の言質には、二つの相矛盾する主張が交錯する。

一つは、「平和発展」や「永遠に覇権を唱えず、拡張しない」といった国際協調的な平和のメッセージである。習近平国家主席は、「中国は終始、世界平和の建設者、世界発展の貢献者、国際秩序の維持者だ」と強調する。

もう一つは、「核心利益」や「世界一流の軍隊を建設する」といった対外強硬的なメッセージである。

言行一致という点では、残念ながら、後者の方が一貫している。それが中国台頭への懸念や不安が消えない原因でもある。こうした強硬姿勢は、アヘン戦争から日中戦争まで続いた「近代の屈辱」の裏返しでもある。「屈辱の歴史」を「偉大な復興」に塗り替えたのが中国共産党である。歴史と党の正統性は国民に刷り込まれてきた。「弱ければ打たれる」という歴史の戒めは過剰なナショナリズムと反響し合って政府の対外政策に跳ね返る。今や、党・政府は「弱腰」では国内的に立っていられなくなった。アメリカと異なる政治体制の下でアメリカをしのぐ「強国」となることが中国共産党の正統性につながる。その意味で、中国の国益は「党益」に収斂する。そして、それは「党軍」である人民解放軍と「党の指導」の下にある国有企業によって追求される。世界は異なる論理と不透明な慣行で動く「紅い大国」との共存を迫られる。

もう一つの言葉である「美麗」も中国と世界の明日に影響する。

未曾有の経済成長は格差という社会の亀裂も生んだ。ジニ係数は危険水域にまで上昇し、環境破壊は社会の安定に影響を与えている。大気汚染による健康被害や水質・土壌の汚染による食の安全への不信は、習の掲げる「中国の夢」とは程遠い。大衆の抗議は腐敗や土地収用から環境問題にまで広がりを見せる。経済成長減速と経済構造転換により社会の摩擦は増大する。農民や都市貧民の「仇富心理（富裕層を嫌悪する）」も無視できない。中間層の多くが海外に資金や子弟を移したいと考え、実際その勢いは増している。

中国の国民は蔓延した汚職腐敗と深刻な環境汚染に大きな不満を抱いてきた。反腐敗闘争を継続しつつ、大気汚染や水質改善に強い指導力を発揮しなければ、党の統治能力への疑念や不信は高まる。そんな危機感がこの「美麗」という言葉の追加になったのだろう。たった二字の言葉であるが、それが中国の政治を大きく動かす。たとえば、電気自動車の開発・製造・販売の拡大である。世界最大の自動車市場となった中国の産業政策は日本の自動車メーカーの戦略にも影響を与える。日本は、中国の環境や経済への取り組みの中に国家や企業の利益を見出していくべきだろう。

中国の戦略と日米の誤算

アメリカの国防政策顧問マイケル・ピルズベリーは、中国が二〇四九年までに「中国主導の世界秩序」の構築を目指していると指摘して、この中国の戦略をアメリカから覇権を奪う「百年マラソン」と名付けた（『China 2049 秘密裏に遂行される「世界覇権一〇〇年戦略」』）。彼の見解によれば、アメリカの最大の失敗は、中ソ対立に目を奪われ、中国の反米感情を正しく認識できず、「遅れた中国を助けてやれば、やがて民主的で平和的な大国になる」と信じてしまったことにある。中国は自らの野望を隠し、アメリカから経済的・政治的支援を得て、強大になり、二〇一二年には、最高指導者となった習近平がついにその野望を露わにしたというのである。

彼の見解に同意するなら、一九七二年の歴史的な米中和解はニクソン・キッシンジャー外交の勝利ではなく、中国のしたたかな戦略の勝利であったということになる。近年、アメリカの対中関与政策は戦略的失敗に終わったと主張する識者がアメリカには少なくない。中国は、米ソ対立による「漁夫の利」を得る形で、「韜光養晦」戦略の下、アメリカや日本の支援を得ながら、ひたすら経済的な力を蓄え、時を待っていた。二つの超大国が激しい対立と競争を繰り広げた結果、ソ連は崩壊し、アメリカも疲弊した。そして、いつのまにか中国が台頭していた。そんな分析が広がりを見せている。

トランプ政権の「国家安全保障戦略」（二〇一七年）では、関与と国際機関やグローバル貿易体制への包摂によって競争相手が穏健で信頼できるパートナーに変わるだろうとの仮説は間違いだったことが明らかになったと指摘し、政策の再考が求められていると指摘。

筆者は、九〇年代に政府開発援助（ＯＤＡ）の政策と実施に計四年以上関わったことがある。当時、中国は日本のＯＤＡの最大受け取り国の一つであった。日本の対中ＯＤＡは、一九七九年一二月の大平正芳首相訪中後、「より豊かな中国の出現がよりよき世界につながるとの期待」に裏打ちされて始まった。その後、円借款を中心に、「中国の改革・開放政策の維持・促進に貢献する」と同時に、日中関係を下支えする強固な基盤を形成した。経済インフラ整備支援等を通じた中国経済の安定的発展は、「アジア太平洋地域の安定にも貢献し、ひいては日本企業の中国における投資環境の改善や日中の民間経済関係の進展にも大きく寄与」したことは間違いない。(「」内は外務省ホームページ http://www.mofa.go.jp/mofaj/gaiko/oda/data/chiiki/china.html から抜粋)

八〇年代から九〇年代にかけて、両国の経済関係は発展し、日中関係は歴史や台湾の問題を抱えつつも安定を保った。誤算だったのは、胡耀邦や趙紫陽といった「改革派」指導者が失脚し、天安門事件で民主化への期待も潰えたことである。

西側諸国は対中経済制裁に踏み切ったが、日本は「中国を孤立させるべきではない」との立場から、率先して制裁解除に動いた。しかし、九二年、天皇皇后両陛下訪中が予定されていた年に、中国は「領海法」を制定し、尖閣諸島を自国の領土と記載した。日本政府は中国に抗議をしたが、対中ＯＤＡや天皇訪中は進められた。そこには日本なりの戦略もあったであろう。しかし、結果的には、日本の長期的国益につなげることはできなかった。一方、その二つを巧みに利用して国際的孤立を脱した中国は、共産党統治の正統性維持のため反日感情醸成につながる愛国教育の強化に動いた。そして、今、「強国・強軍」という夢に邁進する。経済発展により中間層が拡大し、民主化の担い手となるとの議論は広く共有されてきたが、それは中国については楽観的でナイーブな議論であったと言わざるを得ない。

中国でのある国際会議で、筆者は、自らの経歴に触れ、第三国のある著名な専門家から「結果的に日本は手に負えないモンスター作りに手を貸したことになる。あなたにも責任がある」と言われたことを紹介し、会場を凍りつかせたことがある。「中国の夢」が実現する二〇四九年、中国はどんな「強国」になっているだろうか？　日米には何ができ、何をすべきであろうか？　二一世紀最大の外交課題である。

2　香港の「一国二制度」から台湾の統一へ

「近代の屈辱」と中国ナショナリズム

台頭中国の行方と世界秩序の将来を占う試験場となるのが香港である。

二〇一七年六月三〇日、「返還」二〇周年記念式典が挙行された。習近平国家主席は演説を行い、香港島を英国に割譲することになったアヘン戦争（後に九龍も割譲され、新界は租借される）後の近代の歴史が「民族の屈辱と人民の悲痛を映して余りある」と述べ、香港返還は「民族一〇〇年の恥辱を洗い流し」、祖国に戻った香港が「中華民族の大復興」の道のりに溶け込んだと述べて、その歴史的意義を強調した。

その二〇年前の一九九七年六月三〇日、筆者は日本を代表する形で出席した羽田孜元首相を補佐し、夕刻から始まった返還式典に参加した。英国統治が終わることを記念する英国側主催フェアウエル・セレモニー、日を跨《また》いだ中英共催による返還式典、そして中国主催の特別行政区（SAR）成立式典と続いた行事は、両国の歴史的立場の違いと中国のナショナリズムを印象付けた。

有効な国際法によって租借された新界は返還するとしても、それ以外の地は割譲された英国領であり、英国に返還義務があるわけではない。しかし、新界が圧倒的面積を占め、香港島だけでは水の確保の問題もあって、生存は困難であった。チャールズ皇太子はスピーチで、「Hong Kong will be restored to China」と「返還」という言葉を使った。

これに対し、中国は香港の割譲や租借を取り決めた諸条約を認めなかった。香港は英国の植民地ではなく、一貫して中国の領土であったが、英国が不法に占領したため主権を行使できなかったとの立場である。一九七二年には中国の要求によって国連は香港を植民地リストから削除した。一九九七年の返還式典において、江沢民国家主席は、「回復（中国語で「恢复」）」という言葉を使って、「中国の香港に対する主権行使の回復を宣言する」と演説した（ちなみに、一九八四年の「香港問題に関する英中共同宣言」では、一九九七年七月一日をもって、中国政府が「香港地域を回復する（recover）」と宣言し、英国政府が「香港を返還する（restore）」と宣言すると規定）。

ここにも、「近代の屈辱」が潜在する中国ナショナリズムが垣間見える。それは、返還後の香港の「一国二制度」を次第に色褪せたものとしていくことになった。

他方、チャールズ皇太子の「香港の成功と勝利は、維持されなければなりませんし、それに値します」との言葉には、英国統治への自負と引き渡しへの無念の思いが窺われた。鄧小平と談判し、香港返還に関する中英共同宣言をまとめたマーガレット・サッチャー首相（当時）は、返還一〇周年のインタビューで、「私は英国の香港租借、つまり英国による施政の延長を望んだ」が、鄧小平の拒絶により無理だと分かったとき、鄧小平の「一国二制度」を適用することによって香港の良さをできる限り残そうと考えたと述べた上で、しかし、それは台湾のみならず、香港にも適当ではないように見えると答えている。（http://www.telegraph.co.uk/news/uknews/1554095/My-regrets-over-Hong-Kong-by-Lady-Thatcher.html）

二〇一四年の「雨傘運動」以降、香港では民主化要求が高まり一部には「独立」を唱える動きも出た。

習近平国家主席は、香港での演説で、「国家の主権と安全に危害を加えたり、中央権力や香港基本法の権威に挑戦したりするいかなる活動もすべて中国のボトム・ラインに抵触し、絶対に認められない」と警告した。香港は透明で公平な法制度を持ち、中国と世界の金融界をつなぐ架け橋である。「経済自由度指数」では世界一だ（ヘリテージ財団とウォール・ストリート・ジャーナルの調査）。「金の卵を産むガチョウ」を殺しはしまいと言われてきたが、政治的統制の強化が現在の経済の自由度を奪うことになるなら香港の将来は危うい。

香港返還の日、江沢民国家主席は、「『一国二制度』は香港における成功の実践であり、台湾問題の最終解決であって、必ずやモデルの役割を果たすであろう」と述べた。しかし、香港の「一国二制度」の状況は「一国」が「二制度」を圧倒する形で推移し、サッチャーの不安は的中した。ＳＡＲ基本法では、行政長官及び立法議会議員は最終的に普通選挙によって選出する、との目標が掲げられたが、具体的時期には言及がなかった。そして、今やその目標は霧の彼方にある。

台湾統一と「中国の夢」

香港の「一国二制度」がこのような状況では台湾の平和統一の実現は難しい。台湾の対岸にある福建省に一七年間勤務した習近平は、民族の統一がなければ真の大国となる「中国の夢」は実現しないとの認識に立つ。つまり、「中国の夢」の実現には台湾統一が不可欠なのである。

二〇一五年一一月七日、一九四九年の中華人民共和国建国以来初となる中台首脳会談がシンガポールで行われた。互いに「先生（Mr.）」と呼んで、建前（「一つの中国」）と現実（事実上は別個の国家）の矛盾を回避した政治ショーであった。習近平が「両岸の中国人には自分の問題を解決する能力と知恵がある」と述べた通り、中国にとっての最大の目的は、「九二コンセンサス」（中国大陸と台湾とは、一つの中国に属するとする「一つの中国」原則を確認）を中台双方のトップが再確認し、歴史に記録することであった。そして、その目的は十分に達せられた。そこには、国民党が主張する「九二コンセンサス」の中の後半部分（「一つの中国、それぞれが解釈（表明）する」（中国語で「一个中国、各自表述」）への言及はなかった。

しかし、台湾では、自分は「台湾人」であるとのアイデンティティが広がる。中国は経済によって台湾の取り込みを図るが、「一つの中国」という建前論は台湾の人々の意識からますますかけ離れたものとなっている。台湾の平和統一へのシナリオが見えない中で、台湾海峡のパワー・バランスは中国優位に変化してきており、米中のパワー・バランスの変化もあって、台湾問題の不透明感は増大している。

3　「一帯一路」と中国の目指す国際秩序

中国はその巨大な市場と経済力を使って国益確保を目指す地経学的外交を展開している。「一帯一路」はその例だ。ある報告では総額九〇〇〇億ドルのプロジェクトが実施または計画されている。規模では、第二次大戦後のアメリカのマーシャル・プラン（欧州復興計画）をはるかに上回る。

二〇一七年、「一帯一路」は党規約に盛り込まれ、中国共産党が不退転の覚悟で取り組む国家戦略となった。中国の狙いは巨額の外貨準備や生産過剰能力の活用、遅れた内陸部の発展、対外進出を通じた国有企業強化、沿線諸国との友好関係の増進や政治的影響力の増大、天然資源の確保など多元的だ。この巨大経済圏構想は地域秩序をどう変えるだろうか。

かつて著名な地政学者たちは、「ハートランド（ユーラシア大陸の内陸中心部）」や「リムランド（ユーラシア大陸の南側周縁部）」の重要性を指摘して、ユーラシア大陸の覇権を論じた。いずれの議論も、ユーラシアを支配するものが世界あるいは世界の運命を制すると結論づ

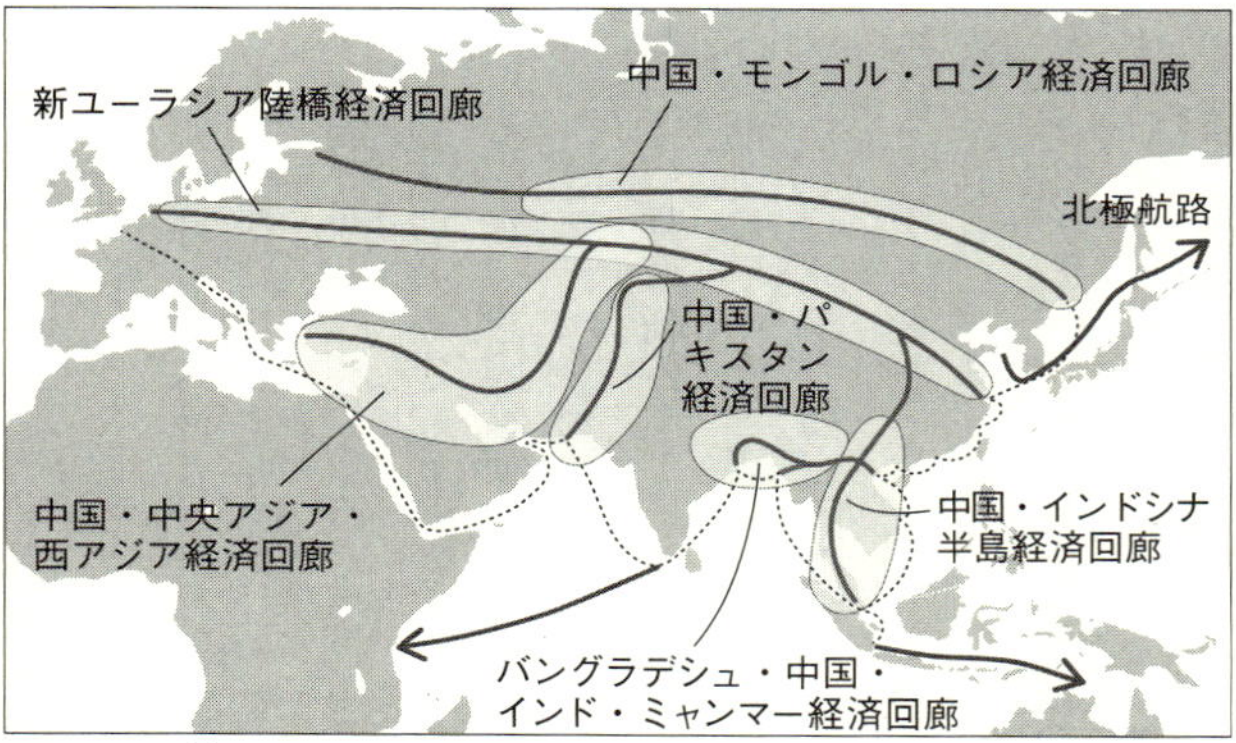

図３－１　「一帯一路」の展開

けた。「一帯一路」は陸の「シルクロード経済ベルト（一帯）」と「海のシルクロード（一路）」からなる。その範囲はアフリカや欧州にまで及ぶ。中国は「一帯一路」により「ハートランド」と「リムランド」を支配し、世界を制することになるのだろうか。

ユーラシア大陸を横断する鉄道が物流革命を引き起こし、ヒト・モノ・カネが奔流する。「互聯互通（connectivity）」の標語の下で、中国と沿線諸国とのつながりは深まり、中国の経済的テコと政治的影響力が強まる。投下資金の多くがローンで、国有企業の投資が奨励されていることから、返済が困難になれば港湾や鉱山やパイプラインや発電所が中国の手に渡る可能性もある。既にスリランカの港湾が中国の手に落ち、モルディブでも問題となっている。アメリカでは「新重商主義」

による資源・エネルギーの囲い込みにつながるとの警戒感が広がる。インドは「一帯一路」がカシミールを通ることに反発する。中ロ協力を謳いつつも、自らの勢力圏に押し寄せる中国経済の大波にロシアの心中も複雑だろう。ユーラシアでの新たな「グレート・ゲーム」が中国主導で進行する。

中国は改革・開放政策に転じて以降、アメリカが構築した国際経済システムの恩恵を受けて経済成長を実現してきた。「一帯一路」やAIIBはその終わりの始まりを意味するのだろうか。悲観論はリベラル秩序の後退を懸念する。党大会で打ち出された「共産党の全面的指導」の下で、「社会主義市場経済」が社会主義の市場経済への優越という方向に進めば、質の高いルールや透明性といった観点からの懸念は強まる。中国の途上国援助や投資活動は雇用など現地社会への配慮を欠き、環境破壊や汚職腐敗などの問題も引き起こしてきた。欧州では安価な中国製品の市場席巻や企業買収による技術流出に懸念や反発が高まる。これに対し、楽観論は中国の国際化、成長牽引や「通商による平和」に期待する。AIIBは世界銀行やアジア開発銀行（ADB）との協調融資を通じて国際標準を学び、アジアの膨大なインフラ需要に応える。道路や鉄道が延び、人やモノがより多くより広く動くようになると、グローバル経済から遮断されていた人々にも経済チャンスが広がり、雇用や収入が増え、社会は安定する。しかし、そんな平和は「パクス・シニカ（中国による平和)」を意味することになるかもしれない。

4　習近平時代の中国の行方

「習近平思想」と「習一強」

二〇一二年に最高指導者となった習近平は、反腐敗闘争やライバル視された薄熙来の失脚もあって、短期間で権力基盤を固め、党中央の「核心」との名称も得た。

社会主義市場経済の矛盾や成長と環境のジレンマに直面する中で、習近平は反腐敗を掲げて権力とカネの分断を図り、既得権益との闘いを進めてきた。習近平の反腐敗闘争に権力闘争や大衆路線の側面があるのは否定できない。しかし、汚職腐敗の問題は「党の存亡」に関わるとの危機感が胡錦濤時代から強く意識されていた。選挙による権力交代の制度がない中国では、「声なき多数」の不満の爆発は社会の不安定化、ひいては動乱につながる。習近平国家主席は、「腐敗問題が深刻化するのを放置すれば、いずれ必ず亡党亡国となる」(chinadaily/2016-01/17)と危機感を強め、総書記就任後の五年間で、一〇〇万人以上の役人を処罰し、数十人の高官を投獄するという「蠅も虎も叩く」徹底した反腐敗闘争を展開し、八九〇〇万党員を震え上がらせた。

二〇一七年一〇月の党大会では、習近平の権力と権威は更に高まり、毛沢東思想と鄧小平理論と並んで、習近平の名を冠した指導思想が党の最高法規である党規約に盛り込まれた。ただ、表現ぶりは「習近平の新時代の中国の特色ある社会主義思想」と、習近平と思想の間に長い文言が入り、習近平思想が何であるかが未だ明確になっていないこと、そして「習近平思想」と言い切れない点で毛沢東思想とは距離があることも暗示した。

それにもかかわらず、習近平が党総書記就任五年目にして自らの名前を党規約に盛り込んだことは大きな意味を持つ。党大会開幕冒頭の演説で、習近平は近代以来の苦難を経た中華民族が毛沢東の下で「立ち上がった飛躍」、鄧小平の下で「豊かになった飛躍」に続き、自分の下で「強くなる偉大な飛躍」をすると述べた。この一文も合わせて読めば、習近平は、「建国の父」である毛沢東や「改革・開放の総設計師」である鄧小平と並ぶ偉大な指導者として、「新時代」を切り開く意欲と自信を内外に宣言したと言える。実際、このとき決まった党中央最高指導部の常務委員会の七人の常務委員には、習近平（一九五三年六月生まれ）の後継となる次の世代である六〇年代生まれの人物が一人も入らなかった。さらに、二〇一八年三月の全人代では、憲法改正によって国家主席の任期が撤廃された。この一連の動きは、習近平が二期目の任期満了（総書記は二〇二二年、国家主席は二〇二三年）以降も最高実力者として中国を動かし続ける可能性があることを示唆した。

「人治」か、「法治」か?

習近平は、共産党中国を作り上げた革命幹部の血を引く「紅二代」の自負を持つ。「韜光養晦」スタイルで権力への階段を上り詰めたが、勝負と見れば果敢に攻めた。習の最初の妻であった柯玲玲は、習を理想主義者と評しつつ、「計画を立てて一歩一歩手順を踏んで進めていた」と語っている。習近平一家と関係の深い某中国人が筆者に語ったところによれば、習近平は文化大革命のあと、父である習仲勲(元副首相で文革で迫害を受けた)と沿海地方に旅をした際、大海原を前にした習仲勲が習近平に「中国は変わらないといけない。『人治』ではだめだ。『法治』によって現代化された国家をつくって行こう」と語ったそうだ。

しかし、習近平の政治を見る限り、それは「習治」と「党治」に収斂した観がある。習近平は、「革命化」し「純潔化」した中国共産党による全面統治を重視する。そして、西側の思想や言論への警戒感も怠らない。サイバーセキュリティのない国家安全保障はないと強調する習近平は、反体制的な情報発信に神経をとがらせ、ネット規制を強化する。人権弁護士やNGOなど合法的団体に対する監視や締め付けも強化されている。世界中で中国当局によると見られる「強制失踪事件」も報告されている。チベットや新疆ウイグル自治区における宗教的自由への制約事案も聞こえてくる。

メディアや裁判所の独立が確立し得ない共産党一党支配の中国においては、ネット社会の到来によって民衆による告発が果たす役割が増大している。しかし、そうした社会的仕組みが西側の政治的仕組みに取って代わる役割を果たすのは難しい。ネット社会は、むしろ国家による個人の監視を容易にし、権威主義国家の社会統治コストを低下させている。

中国の思想・言論界では、「普遍」、「天下」、「王道」、「共同体」など、中国が目指す世界秩序について様々な見解が提起されている。そうした議論の行方は、詰まるところ、中国自身の政治の動向に左右される。

党大会の開幕に当たって、習近平総書記は、五年前の胡錦濤総書記の倍以上の三時間二〇分にわたって熱弁を振るい、「社会主義」という言葉を一四六回使い、「大国」または「強国」という言葉を二六回使った。党の最高法規である党規約には、「党、政、軍、民、学、東西南北」すべてを党が指導することが明記された。

社会主義という「正義」と強国・強軍という「パワー」を振りかざして世界の頂点を目指す中国。「平和発展」や「覇権を求めない」と唱えるだけでは国際社会の懸念は消えない。習近平国家主席が口にする「言必信、行必果」の通り、言葉を行動で示すことが求められている。「正義」とは、弱者の権利も尊重する公平で普遍的な価値である。そのことを理解し行動しなければ、かつて父と語り合った「中国の夢」は世界が歓迎するものとはならないだろう。

5　米中「新冷戦」と東アジア秩序

大国間のパワー・シフトの過程で引き起こされる「トゥキディデスの罠」という戦争は起きないだろうか？

米中関係の行方は？

東アジア秩序はどう変化するか？

これらの問いかけは、日本の国益に関わる重大な議論を惹起する。その答えは多くの不確定要素を伴う複次的な結論になるが、これまでの議論を踏まえ、筆者の考察を述べてみたい。

(1) パワー・シフト:「中国はアメリカを追い抜くか?」

アメリカの優位性

「トゥキディデスの罠」を想起させる二一世紀のパワー・シフトは、世紀の幕開けの年に起きた九・一一同時多発テロと中国の世界貿易機関(WTO)加盟から始まった。

アメリカ本土が攻撃され、超大国の富と力の象徴が破壊されたことへの恐怖や衝動がアメリカをアフガニスタンとイラクの戦争に引きずり込んだ。ベトナム戦争を上回る犠牲と戦費によってアメリカのパワーと正義は損なわれた。大恐慌以来の経済不況となった世界金融危機が追い打ちをかけ、九〇〇〇万人の雇用を奪って、「中間層の没落」が憂慮された。

この間、グローバル化の恩恵を受けた途上国は経済成長を実現し、存在感を増した。なかでも、中国の台頭は際立った。改革と開放によって解き放たれた一三億人の活力が、WTO加盟によって日本や欧米諸国から流れ込んだ投資と連動して、中国を巨大な工場と市場に変えた。二〇一〇年には日本を抜いて世界第二位の経済大国となった。二一世紀の初めに世界のGDPの三二%を占め、中国の八倍の大きさを誇ったアメリカのGDPは、世界の二四%、中国の一・六倍にまで低下した(購買力平価〔PPP〕ベースでは、既に中国がアメリカを上回る)。

経済台頭にともなう国防費の増大と軍事力の増強も顕著だ。アメリカとの軍事技術のギャップは一世代にまで縮まり、新しい戦争の主役となるサイバー・宇宙・電子などの分野での技術開発も進む。

米中間のパワー・シフトは、かつてない規模と態様で進んでいる。中国はアメリカを凌ぐ超大国となるのだろうか?

その可能性はある。しかし、そう答えるにはいくつかの留保が付く。

第一に、経済力はGDPの規模だけでは測れない。市場の大きさ(対世界輸入：アメリカ一三・四% 中国九・六%)、埋蔵資源(アメリカのシェール革命の先行き)、科学技術力(ノーベル賞の数や知的所有権の保護状況)の他、経済力の軍事力への転化能力や経済成長に伴う社会的コスト(格差や環境破壊の問題)なども考慮する必要がある。

第二に、アメリカの軍事力の強さは、世界の海に展開する一一の空母部隊や核戦力以上に、世界に張り巡らされた同盟網にある。アメリカは、NATO(二七ヵ国)、日本、豪州、韓国などの条約上の同盟国の他、イスラエルのような事実上の同盟国やインド、メキシコ、ブラジルなどのパートナー国を多数有し、世界の七〇以上の国や地域に六〇〇以上の基地（レーダー施設を含む）を維持している。アメリカが唯一の超大国と言われる所以である。こうした同盟網を欠く中国やロシアは地域大国に止まっている。

第三に、国家のパワーは、経済力や軍事力といったハード・パワーに限られない。アメリカは、通貨・金融システムの力（基軸通貨のドル）、情報の力（国際語の英語、世界的メディア、最先端のIT技術）、正義の力（自由や人権や法の支配といったリベラルな価値）、生命の力（先進的医療や豊かな自然環境）、そして、大学教育やハリウッド映画や人道援助等の「ソフト・パワー」で優位に立つ。また、国民の質（移民の貢献）や地理（周辺の安全保障環境）などについても論じる必要がある。

中国は内陸部で一四の国と国境を接し、その中には国境紛争を抱えるインドや新疆ウイグル自治区と宗教的につながる中央アジア諸国も含まれる。朝鮮戦争や中越戦争を経験したベトナムや北朝鮮との関係も複雑だ。また、沿海部は経済的に世界とつながるが、安全保障上はアメリカの同盟国や友好国の連なる「第一列島線」と対峙する。中国の地政学リスクと対照的に、アメリカは地政学的に恵まれている。南北をメキシコとカナダという友好的で軍事力の小さな国家と国境を接するだけで、東西は太平洋と大西洋という天然の要害によって守られてきた。

このようにアメリカは依然として唯一の超大国としてのパワーと条件を有する。中国が

GDPという経済の量でアメリカを追い越すとしても、それが直ちにアメリカを凌ぐ超大国となることまで意味しない。中国は国内に様々な矛盾や問題も抱える。それが中国の超大国化のアキレス腱となる可能性がある。

米中の政治モデルの優劣

アメリカにも弱点はある。特に深刻なのは、本来アメリカの強みであるはずの民主主義が理想的な姿とは程遠い状況にあることだ。ポピュリズムの広がりはその一例だ。党派対立による議会の機能不全や貧富の格差の広がりによる社会の分断も深刻だ。そうした現状がアメリカの繁栄に暗い影を投げかけている。

第一に、「雇用を取り返す」と叫ぶトランプ大統領の保護主義政策は、貿易戦争や世界貿易の縮小を招き、移民制限と相まってインフレと不況のスタグフレーションにつながる恐れがある（製造業の雇用減は、工場の自動化〔特に、ロボット〕の影響が大であることを考慮していない）、第二に、アメリカの多様性や普遍的価値を損なう「トランプ政治」は、世界から人材や資本を集め、起業や技術革新を促してきたアメリカの活力を削いでしまう。

オバマ政権時のバイデン副大統領はかつて中国でこう語った。

「言論の自由や人権、法治といった面でのアメリカの強さは中国の弱さであり、開かれた自由な社会こそが長期的発展、安定、繁栄を促すのに最も適しており、アメリカはこれまで以上に強くなる」

今のアメリカにそんな力強さを期待できるだろうか。

一方、共産党一党支配の中国では、共産党がこうと決めたら巨大な国家が一気に動く。「国家資本主義」というモデルの下で、国家が企業の研究開発や起業を支援し、国際競争力を強め、世界最大の市場からゲーム・チェンジを狙う。企業や業種の垣根を越えてデータを統合し、新たなビジネス・モデルを生み出し、デジタル時代の覇者への階段をかけ上る。習近平政権は、「中国製造二〇二五」を掲げ、二〇二五年までにロボット、AI（人工知能）、自動運転、航空機などを含むあらゆるハイテク技術分野でアメリカに並ぶことを目指す国家戦略を推し進める。世界最長を誇る高速鉄道は、インフラ輸出でも日本のお株を奪うほどに成長した。強い政府の下での条件整備と支援策が実を結んだ産業政策の成功例だ。外国の技術、国内の能力、市場の需要、政府の資金という要素を併せ持つ産業政策は海外企業との競争において圧倒的な力を発揮する。コンプライアンスに縛られる日本企業のトップと違い、中国の起業家はリスクよりチャンスを優先する。深圳はそんな挑戦者が集まる都市の一つだ。そこには、溢れる活力と激しい競争がある。リベラルな世界秩序が揺らぐ中で、中国では、「ワシントン・コンセンサス」に対する「国家資本主義」モデル（「北京コンセンサス」）優位への自信が広がりを見せている。

（2）米中衝突

「修正主義勢力」との対決

トランプ大統領が「偉大なアメリカを取り戻す」と叫べば、習近平国家主席は「中華民族の偉大な復興」という「中国の夢」を訴える。二人の指導者が目指す二つの「偉大な」大国は「トゥキディデスの罠」を回避できるだろうか？

トランプ大統領の通商顧問であるピーター・ナヴァロは、著書『米中もし戦わば』で、「トゥキディデスの罠」を取り上げ、第一次大戦の例を引いて、米中戦争が起きる可能性が非常に高いと結論付けた。

しかし、ある歴史の教訓を学ぶことと、それを現下の国際関係に適用することは別問題であり、両者は明確にわけて考える必要がある。また、ある一つの歴史事象だけから結論を引き出す類推は危険でもある。第一次大戦の背景は複雑であり、当時の英独関係と今日の米中関係が置かれている状況も異なる。ナヴァロ氏のように歴史の類推から現在の米中戦争不可避論につなげるのは「予言の自己成就」に陥りかねない危険な思考である。

台頭する国家が国益追求行動を控えめにし、既存の大国が台頭国家と責任分担の態度を取るなら、台頭国家と既存大国が敵同士となって、戦争に至ることは回避できるし、それが政治に関与する者の努めでもあろう。

習近平国家主席は、「トゥキディデスの罠」を否定して、非対立・非衝突の「新型大国関係」を提案した。しかし、それはパワーで勝るアメリカに対する「韜光養晦」戦術に過ぎないのではないかとの疑念にアメリカは苛《さいな》まれる。

トランプ政権は、国家安全保障戦略において、中国をロシアとともに「技術、宣伝および強制力を用い、アメリカの国益や価値観と対極にある世界を形成しようとする修正主義勢力」と位置づけ、核戦力を増強し、外交予算を削減して大幅な軍事予算増に動いた。

そこに、米中「新冷戦」の様相が浮かび上がる。

米中貿易戦争

その顕著な現れが貿易戦争である。

世界第一位と第二位の経済大国の差が縮まっている以上、経済分野での競争と摩擦が激化するのは避けられない。しかし、それは、米中間では特別の意味を持つ。将来の覇権争いの帰趨《きすう》を決定しかねないハイテク分野の競争に関係するからだ。

ナヴァロ大統領顧問は、中国が知的財産権を侵害し、「未来の産業の支配をもくろんでいる」と警戒感を露わにした。二〇一八年六月にホワイトハウスが発表した報告書によれば、中国の知的財産権侵害の事例は、サイバー攻撃や産業スパイによる企業秘密の盗取、アメリカの大学や研究所に所属する中国人からの情報収集、技術を持つアメリカ企業のM&A（合併・買収）、中国に投資する外国企業からの技術提供やデータの開示の強要など多岐にわたる。こうした違法・不適切な手法によって、中国はデジタル技術によって牽引される第四次産業革命においてアメリカに迫る。知財から安全保障の分野まで、アメリカの警戒感は高まっている。特に、ハイテク分野で中国に抜かれるのではないかとの懸念は強い。急速に技術力を上げる中国企業の安価な製品との競争に晒されるアメリカハイテク産業の保護は、経済覇権を維持するためにも不可欠だ。米国家安全保障戦略（二〇一七年）は、「アメリカの知的財産を盗用し自由な社会の技術を不当に利用する者から、自国の安全保障の基盤技術を守る」と宣言した。そんな認識はアメリカ議会にも広がる。

二〇一八年、アメリカは中国製品に追加関税を課す対中制裁措置を拡大し、これに対し、中国も報復関税で対抗し事実上の貿易戦争に突入した。トランプ大統領は「貿易戦争に勝つのはやさしい」と断言する。確かに、関税措置による貿易戦争では赤字幅で中国を大きく上回るアメリカが有利である。しかし、輸入製品価格の上昇は中間財であれば製造コストを押し上げ、消費財であれば市民生活に関わる商品の値上がりにつながる。貿易戦争は米中両国の経済を傷つけ、世界の自由貿易体制を動揺させる。

（3）米国に求められる戦略

勢力均衡維持のための同盟国の貢献

中国から見れば、朝鮮半島から、沖縄・尖閣諸島、台湾、フィリピン、ベトナムに至るラインはアメリカ主導の同盟・提携の「第一列島線」であり、中国を包囲し大陸に閉じ込めておく軍事的長城である。中国は、この「第一列島線」を越えて、西太平洋に至る遠洋航海や飛行の訓練を常態化させており、今後も続ける姿勢を明確にしている。

また、中東からマラッカ海峡を経て南シナ海に至るシーレーンは世界最大の石油輸入国となった中国の経済的生命線であるが、その安全は圧倒的な米海軍によって担われてきた。米中衝突となれば、この大動脈は封鎖されかねない。習近平国家主席が旗を振る「一帯一路」構想は、この海のシルクロードに位置する複数の国の港をつなぐ「真珠の首飾り」戦略を含む。中国の経済利益がグローバル化し、国益が拡張される中で、中国は海洋強国を目指して邁進する。それにつれて米中の地政学的対峙も厳しさを増す。

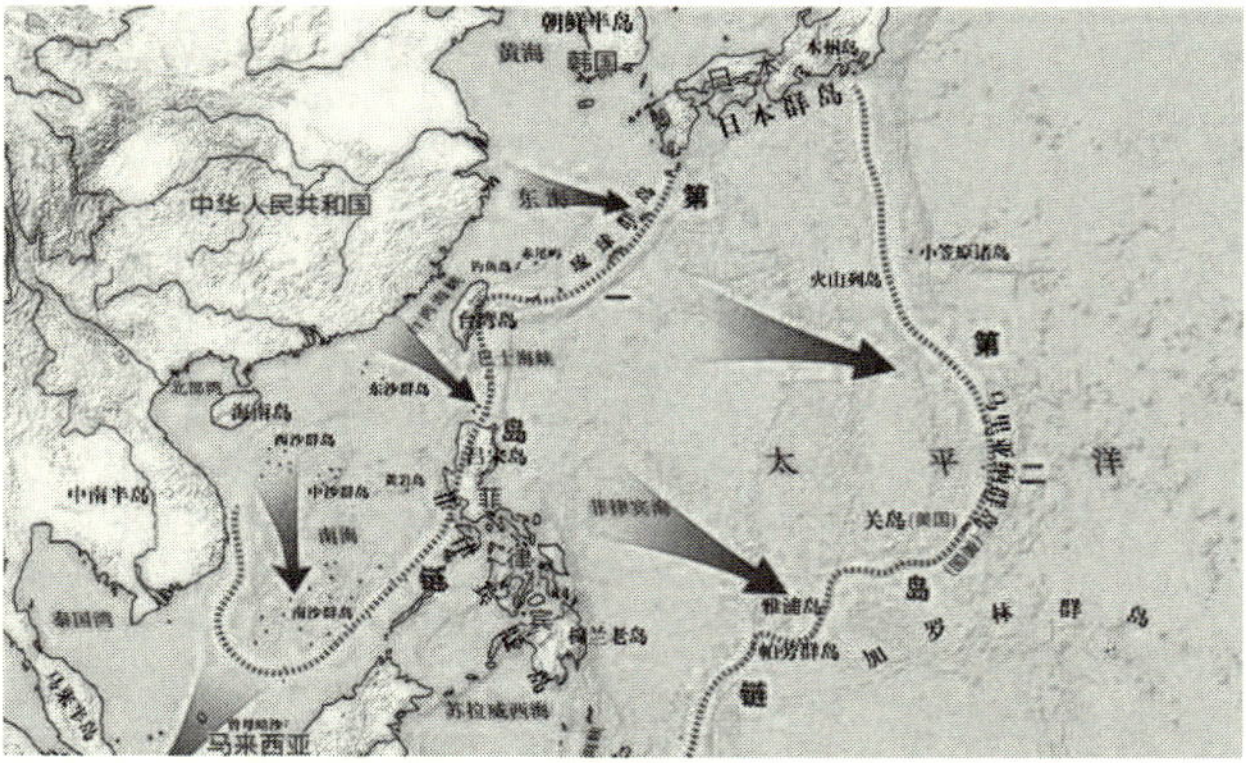

図３－２　中国の地図が示す第一列島線と第二列島線
（http://www.baike.com/wiki/%E7%AC%AC%E4%B8%80%E5%B2%9B%E9%93%BE）

アメリカの国力が相対的に低下する中で、オバマ政権は二正面作戦を放棄し、「アジア回帰」や「リバランス」の政策によってアジアに資源を優先投入する姿勢を見せた。トランプ政権は、オバマ政権が推進したＴＰＰから離脱したが、「航行の自由作戦」は継続し、太平洋軍を「インド太平洋軍」と改めるなど、「自由で開かれたインド・太平洋戦略」を重視する。しかし、それらは象徴的なインパクトに止まっており、中国の力による一方的現状変更を阻止するには不十分だ。

中東や欧州の安定の維持にも戦力を割かざるを得ない世界大国にとって、地域大国として周辺地域に戦力を集中できる中国とのパワー・バランスは中国に有利とならざるを得ない。米国家安全保障戦略（二〇一七年）では、

「インド太平洋において、勢力の均衡がアメリカを利するものになるよう努める」と明記された。しかし、この間も、中国の軍事力増強は続き、アメリカとの軍事技術のギャップも縮まっている。かつて台湾海峡危機（一九九五～九六年）で中国を沈黙させた米空母機動部隊は中国の巡航・弾道ミサイルや潜水艦によるA2／AD（接近阻止・領域拒否）を警戒する。次世代ステルス戦闘機を配備した空軍と空母を保有した中国外洋海軍の活動も活発化する。南シナ海を始め「第一列島線」内での中国の軍事的優位が確立すれば、世界の主要なシーレーンの一つが初めてアメリカ以外の国の勢力下に入ることになる。「第一列島線」の内側・線上・外側で拒否と防衛を強化し、中国の拡張を阻止する（オフショア・コントロール）ためには同盟国や友好国との連携・協力がますます重要となっている。

トランプ大統領は、その前提として、同盟諸国の公平なコスト負担を求める。負担増の議論は何も今に始まったことではない。NATOは、加盟国の軍事費をGDPの二％にすることを公式指針としてきたが、この基準を満たすのはアメリカや英国など五ヵ国に過ぎない。「パクス・アメリカーナ」の下での「航行の自由」などの恩恵を受けてきた同盟諸国が、疲弊した超大国と共に中ロの「力の行使」を抑止していくことが国益だと考えるなら、負担増は合目的的選択である。これに対し、日本の財政的貢献（「host nation support」を含む直接・間接の財政支出）は大きく、マティス国防長官は「見習うべきお手本」と述べ、トランプ大統領も米軍受け入れに謝意を表した（注：二〇〇四年に国防総省が発表した二〇〇二年時点の同盟国の米軍駐留経費負担は、日本が七四・五％に対し、ドイツ三二・六％、韓国四〇％。この年を最後に国防総省の発表はない。国会で示された防衛省試算［二〇一五年度分］では八四・五％。他方、GDP比で見れば、日本が〇・九九％に対し、アメリカは三・三二％、ドイツは一・一八％、韓国は二・六四％と日本より高い）。

問題は負担増要求が経済政策との一貫性を欠いていることにある。同盟国との絆を強めるTPPやTTIP（環大西洋貿易投資パートナーシップ）に背を向けつつ、同盟国の負担増を求めるという姿勢には、同盟の理念や戦略ではなく、トランプ大統領の商業的利益優先が透けて見える。

アメリカの新たな対中戦略

台頭を続ける中国は「弱さ」や「不安」も併せ持つ。一党独裁体制は「声なき多数」の民衆に広がる不満の爆発を恐れる。習近平は、危機感を強め、反腐敗キャンペーンを展開する。そこには、権力闘争の影とともに、中国共産党指導部の国内統治への不安も窺える。その不安は国内締め付けや対外強硬姿勢にもつながる。中国の国内治安予算は国防費を上回る。内外の脅威に身構える習近平は中国を経済優先から安全優先の「国家安全保障国家」に変えた。その一方で、グローバル化した世界とつながる形で、社会の価値や規範も微妙に変化している。

こうした中国の変化が法の支配といった観点から好ましい変化となるようアメリカが、普遍的価値に基づくリベラルな国際秩序を支えていくことが前提条件となる。その上で、アメリカは中国とのパワー・バランスの逆転が起きないよう、ハードとソフト双方のパワーで先頭を走り続けるための戦略を構想し、同盟国やパートナー諸国と結束して行動する必要がある。その際、見落とされがちな諸点として以下に留意すべきである。

第一に、米中交流は教育（多数の共産党幹部子弟のアメリカ留学を含む）・文化・学術から軍事まで裾野を広げ、厚みを増している。他方、中国国内の締め付けもあり、アメリカのメディアやNGOなどの中国での活動は制約を受ける。自由な活動が認められたアメリカでは、中国がカネ（寄付）や情報（サイバー）やヒト（留学生）を使ってアメリカの世論や教育に影響を与える「シャープ・パワー」への警戒が広がっており（豪州でも大きな問題となっている）、自由な社会を守りながら、シャープ・パワーを抑止する政策が求められている。

第二に、気候変動、テロ、感染症などの地球規模の問題や朝鮮半島情勢に効果的に対応するためには国連安保理を含めた両大国の協力が欠かせない。その一方で、東アジアの安定や同盟国の利益を損なう中国の行動を抑止するための効果的な戦略や対応も求められる。

第三に、中国のサイバー攻撃や衛星破壊（ASAT）の脅威が問題となる一方で、こうした新領域での衝突は互いに防御が困難かつ高コストで、情報化・グローバル化した経済を麻痺させるとの「相互脆弱性」を有する。攻撃優位の領域において、両国が「相互抑止」を超えた「相互自制」に合意することが互いの国益に適う。

米中関係は「危険な岐路」にある。米中衝突を回避するためには、米中間の協力と競争の両面に目を配りつつも、中国の力による現状変更の動きには毅然と向き合い、より効果的かつ相互主義に立つ政策を採用すべきである。また、中国が大国としての責任を果たすよう慫慂し、国際益や世界益の形成に向けて連携・協力していくことも依然として必要とされる。その際、アメリカが忘れてはならないのが、世界に広がる同盟国やパートナー国の存在である。アメリカの指導力の下でリベラル諸国が結束して中国に当たることで中国を動かす可能性も高まる。

外交の重要性

憂慮されるのは、実質政権ナンバー2であるはずの国務長官と優秀な人材の宝庫である国務省の影響力低下である。外交や安全保障の問題に直面する大統領を補佐・助言し、メディアや国民の信頼を得ながら、世界にその存在感を印象付けるはずの国務長官の姿がめっきり小さくなった。外交や開発援助の予算は削減され、優秀な人材が流出する。国務省の地盤沈下のみならず世界でのアメリカ外交の地盤沈下が懸念される。

一方、中国の外交部長や外交部についても力不足(外交部長は党中央委員約二〇〇人の一人)が指摘されてきた。その発言力は、「党の軍隊」としての解放軍や巨大な国有企業や強まる民意(ナショナリズム)に押され気味だ。外交部長以下「弱腰」は見せられない。

外交と内政が一体化し、外交が国内のナショナリズムやポピュリズムに制約される今日、国家間の冷静な対話や交渉は容易ではない。米中両大国の外交部門の力や外交の役割が弱まるなら、その影響は更に深刻である。

国際政治の泰斗モーゲンソーは、外交には、「説得」、「譲歩」、「強制(力による脅迫)」の三つの手段があると指摘し、そのうちのどれか一つに頼り過ぎず、三つの組み合わせにより外交の実効性を高め、問題の解決や状況の改善につなげるよう説いた。

「核心利益」に拘《こだわ》る習近平国家主席と「アメリカ第一主義」を掲げるトランプ大統領が説得や譲歩を欠いた「力による外交」に終始するなら、米中関係は緊張を増し、アジアは分断され、世界は不安定化する。

アジアの中小国は、台頭する超大国候補と疲弊した超大国の狭間で経済利益と安全保障リスクのジレンマに揺れる。ある国は中国の唱える「平和発展」を疑問視しつつも、中国との経済関係の発展に期待を寄せる。また、ある国はアメリカの軍事プレゼンスを必要としつつも、その行方に不安を覚える。中国はそんな諸国への外交攻勢を強める。アメリカ優位が崩れつつある中で、「勝ち馬」中国に乗り換える国が出てきても不思議ではない。「China Pivot（中国旋回）」したフィリピンのドゥテルテ大統領は「ロシアか中国が新秩序創設を決めるなら、私はそれに一番に参加する」と公言した。東アジアは中国との合従連衡やバンドワゴンの時代に突入した。

国際秩序はパワーと価値によって作られる。国際秩序を塗り替える程のパワーを持った中国。しかし、国際社会が歓迎する価値（正義）は見えてこない。中国台頭の最大の問題である。日米にとっての戦略は、日米同盟を維持・強化しつつ、リベラル秩序の防波堤となり得るインドやオーストラリアなどの諸国との連携・協力に努めることによって、強大化する中国との間で力の均衡を維持していくことである。それは、次章で論じる脅威に対処する上でも欠かせない外交努力である。

第四章　日本の国益を揺るがす三つの脅威

日本の国益とは何か？

これまでの議論で明らかな通り、「国家・国民の生存と安全」は、普遍的な「死活的国益」であり、それは日本の国益についても妥当する。しかし、平和は必要条件であっても十分条件ではない。平和が確保されることを前提に、国民は物質的豊かさや精神的快適さを求める。繁栄は平和に次ぐ重要な国益となる。従って、「国家・国民の安全と繁栄」は、いつの時代にあっても変わらぬ日本の国益である。「国家安全保障戦略」（二〇一三年）では、これに加えて、「自由、民主主義、基本的人権の尊重、法の支配といった普遍的価値やルールに基づく国際秩序を維持・擁護すること」も日本の国益として規定した。道義を国益として位置付けることには、リアリズムの見地からの慎重論もあろうが、本章では、これら（安全、繁栄、リベラル秩序）が日本の国益であるとの前提に立って、これら三つの国益を揺るがす問題として北朝鮮の核・ミサイル開発、及び東シナ海や南シナ海における中国の力による現状変更の動きを取り上げる。

第一に、日本の死活的国益である「国家・国民の生存と安全」にとって最大の脅威となるのは、日本を射程に入れる北朝鮮の核ミサイルである。北朝鮮が核弾頭付き弾道ミサイルを複数同時に日本に発射し、そのすべてをミサイル防衛システムにより迎撃できない場合、日本の被害は甚大となる。北朝鮮問題は、米朝関係を軸に、朝鮮半島の南北関係、中朝関係、米中（ロ）関係、中韓関係、日朝関係から、国連安保理の役割や大量破壊兵器への国際社会全体の対応、更には日米韓連携や日米同盟といった様々な関係が絡み合う複雑な外交問題であり、対応を誤れば核戦争に至る可能性もある重大な安全保障問題である。

第二に、国家の存立基盤である領土や主権を揺るがしかねない国家の安全という国益に関わる尖閣諸島の問題である。この問題は、日本の平和や繁栄に影響を与える隣国中国との関係を進める上で最も大きな障害となってきた。歴史やナショナリズムが絡む領土や主権の問題は交渉を通じた妥協による合意形成が難しい。その上、二〇一二年の尖閣諸島「国有化」後の日中関係は、パワー・バランスの変化（二〇一〇年の日中GDP逆転）によって、ODAを含む日本の経済力が生み出してきた政治的復元力を期待できなくなっている。

日中関係は、一九七二年の国交正常化後も、歴史問題や台湾との関係、そして尖閣諸島や海洋をめぐる問題などによって、関係が悪化したことが何度もあった。しかし、いずれの場合も、外交努力によって鎮静化が図られた。その背景に、日本がアジア最大の経済大国であり、対中ODAが中国の改革・開放を支えていたとの両国の力関係、そして、日本の派閥の領袖と中国の指導部との間に存在したパイプ、更には、日本の戦前世代の中国への特殊な感情（「贖罪意識」）などがあったと指摘できよう。しかし、そうした条件は、二一世紀に入って徐々に失われていった。そんな流れの中で起きたのが、尖閣諸島の「国有化」と中国の「実力行使」であった。

第三に、日本の国益として守るべきリベラル秩序の基礎となる「法の支配」に関わる問題として取り組むべき南シナ海の問題である。その背後には、中国の経済的・軍事的なパワーが著しく増大し、地域のパワー・バランスが変化しているとの構造的ダイナミズムが存在する。

これら三つの問題には、米中両大国のパワーと国益の変化、そして、両大国の異なる価値（正義）に基づく国際秩序をめぐるせめぎ合いが投影される。

前章での議論を踏まえ、以下、これら三つの問題について論じてみよう。

1　北朝鮮の核・ミサイルの脅威

（1）急展開する朝鮮半島情勢

北朝鮮の核・ミサイルと国際社会の対応

朝鮮半島は地政学上の要衝であり、古来より大国間のパワーと国益の衝突によって、度々戦場となった。一九五〇年には米中両大国を巻き込み、数百万人の命を奪った朝鮮戦争が勃発した。その三年後の停戦以来、朝鮮半島は三八度線に沿った軍事休戦ラインを挟んで、北朝鮮軍と米韓同盟軍が対峙し、緊張が続いてきた。一九九六年には、北朝鮮特殊潜水艦による工作員侵入事件が起きて韓国の軍・警察による五〇日間に及ぶ掃討戦が展開された。また、二〇一〇年には、北朝鮮潜水艦の魚雷による韓国軍艦沈没事件（北朝鮮は否定）や北朝鮮軍による韓国領土への砲撃事件も起きた。

そして、朝鮮半島のみならず周辺諸国や国際社会を揺さぶる重大な脅威となってきたのが北朝鮮の核・ミサイルの開発である。冷戦終結とソ連・東欧の社会主義体制の崩壊、そして、中ソと韓国の関係正常化を受けて、北朝鮮は体制の生き残りを核とミサイルにかけた。

一方で、その間、対話もなされた。一九九四年には「米朝枠組み合意」が成立し、二〇〇五年には六者会合の共同声明で非核化が合意された。金大中《キムデジュン》大統領と盧武鉉《ノムヒョン》大統領はそれぞれ南北首脳会談を実現した。日本の首相として初訪朝した小泉首相は拉致・核・ミサイルを包括的に解決して国交正常化を目指す「日朝平壌《ピョンヤン》宣言」の採択に漕ぎ着けた。

しかし、こうした対話や合意も、国連安保理制裁を始めとする圧力も、北朝鮮を非核化に追い込むことはできなかった。核を持たず、核の傘もない北朝鮮にとって、核を持つことは「アメリカの核」から「国の主権と領土」と「人民の平和な生活」という死活的国益を守るために必要不可欠とされた。そうした認識は、イラクのフセインやリビアのカダフィの末路によって強まった。彼らは核を持たなかったがゆえに生存すら奪われたのだという強迫観念に囚われた金正恩《キムジョンウン》朝鮮労働党委員長は祖父や父以上に核・ミサイル開発に邁進した。

二〇一二年に制定された新憲法は、前文で「核保有国」としての立場を明記した。翌一三年には第三回核実験（金正恩政権として初）を行い、朝鮮労働党中央委員会総会で「経済建設と核武力建設」を並行して推進する「並進（ビョンジン）」路線を採択した（二〇一八年四月の同総会では、並進路線が役割を終えたとして、「経済建設に集中する新路線に転換する」ことを宣言）。二〇一六年には、「核保有国の先列に上り詰めた」と「核保有国」としての地位の確立を誇示し、二〇一七年一一月には、アメリカ本土を射程に入れる大陸間弾道ミサイル（ＩＣＢＭ）の発射に成功した。その脅威は同盟国の日韓両国のみならず、アメリカ自身の安全にも関わる局面に入った。アメリカでは、先制攻撃の議論が熱を帯び、「a bloody nose strike（鼻血を出させる攻撃）」といった限定攻撃論がテーブルに上った。国連安保理では中国も加わり、かつてない厳しい制裁決議が採択された。

朝鮮半島の非核化の行方と日本の戦略

こうした軍事的・経済的圧力の高まりを受けて、金正恩委員長は、平昌《ピョンチャン》オリンピックを利用して平和攻勢に出た。「非核化」を掲げて対話路線に転換し、南北・米朝首脳会談に動いた。しかし、この間も経済制裁は弱まらず、中国の国境貿易管理強化もあって、経済的に追い込まれた。また、トランプ政権では人事交代により強硬派が勢力を増した。不安を募らせた若き独裁者は電撃訪中し、習近平国家主席の懐に飛び込んだ。後ろ盾を得た金正恩委員長は「交渉の達人」を自負するトランプ大統領と史上初の米朝首脳会談を行った。

米朝は、朝鮮半島の「非核化」と「平和体制の構築」という非対称のディール（取引）をめぐってせめぎ合う。前者には、「完全かつ検証可能で不可逆的な核放棄（complete, verifiable, and irreversible dismantlement: ＣＶＩＤ）」が、後者には、休戦協定の平和協定への転換を柱とする「敵視政策」放棄が含まれる。失敗と不信を積み重ねた交渉の歴史をひきずりながら、この二つの「放棄」をどう取引するか、北東アジアの安全保障にも関わるだけに、その着地点は見えない。

朝鮮半島の非核化の行方は日本の国益を左右する。日本の戦略はどうあるべきか。「対話と圧力」の方針の下で、日米韓の連携を強化し、中国を含む関係国と協力し、国連安保理を中心とする国際社会の結束を図ることを基本とする。同時に、国家・国民の安全に万全を期すため、(拒否的)抑止力としてのミサイル防衛システムの実効性を高め、アメリカの拡大核抑止による日本防衛の信頼性を維持する努力を怠らないことである。また、日朝間には、七〇年代から八〇年代にかけて起きた北朝鮮工作員による拉致事件が未解決の問題として残されている。国民の安全と国家の主権という国益が損なわれた問題であるとの認識に立って、非核化の進展も睨みつつ、日朝平壌宣言を踏まえて、北朝鮮に粘り強く対応して行く必要がある。

(2) 北朝鮮の意図と論理

一九九三~九四年の第一次核危機、二〇〇四年の第二次核危機、そして二〇一七~一八年の第三次核危機と、核戦争に突入しかねない危機を作り出してきた北朝鮮はなぜこれほど核・ミサイルに執着し、その開発に邁進してきたのか?

北朝鮮の論理や独裁者の意図を読み取ることが非核化を実現するための政策を立案し実

行する上で不可欠である。

その答えは、大きく二つに分かれる。

一つは、「悪人の論理」であり、もう一つは「弱者の論理」である。

「悪人の論理」

「悪人の論理」は、出自（政治体制）や人格（善人か悪人か）を問題にし、北朝鮮とその独裁者を悪と見なす。金正恩は異母兄（金正男《キムジョンナム》）を暗殺し叔父（張成沢《チャンソンテク》）を処刑し、核やミサイルの拡散と偽造品や麻薬の違法取引に手を染める悪人とされる。悪人にとって、核・ミサイルは国際社会を強請《ゆす》って援助を巻き上げる手段である。また、違法なミサイルや核技術の拡散にも手を染めた。悪人が合意を守るわけもなく、これまでの合意もすべて反故《ほご》にした。援助は回り回って核・ミサイル開発を支えた。対話は時間稼ぎに使われ、悪人を利しただけに終わった。こうした「悪人の論理」は正しいのだろうか。

悪人の「前科」を振り返ってみよう。

第一次核危機を回避した「米朝枠組み合意」は、北朝鮮の核開発継続疑惑やミサイル発射という挑発行為によって暗礁に乗り上げた。一方、共和党が多数を占めた米議会の非協力によって重油の供給や軽水炉の建設といった米側の合意履行も大幅に遅延した。米朝は互いに合意を履行していないと非難し合い、二〇〇一年のブッシュ政権の誕生によって合意は崩壊した。

この間、米朝間のミサイル協議も行われたが、北朝鮮のミサイル売却に対するアメリカの制裁に対し、北朝鮮は損失補償を求めた。当時（一九九八年六月一六日）の朝鮮中央通信は、「財政的損失が適切に補塡されない限り、ミサイル技術の輸出は停止しない」と報じた。二〇〇〇年には、南北首脳会談による南北関係の改善に合わせてアメリカの制裁が緩和され、北朝鮮もミサイル発射を中断したが、同時に、その見返りとして毎年一〇億ドルを要求した。こうした北朝鮮の要求を見れば、ミサイルを「ゆすり」の道具として使っているとの「悪人の論理」を否定することは難しい。

悪人は悪だくみをする。その一つが、アメリカと日韓を引き裂く「デカップリング（離間）」だ。

たとえば、北朝鮮はアメリカ側にＩＣＢＭの開発・実戦配備の凍結や廃棄を約束するかもしれない。しかし、それが日本に届く短・中距離ミサイルを含まないなら日米の国益は一致しない。また、休戦協定の平和協定への転換についても、北朝鮮は、非核化の見返りとしての「敵視政策」放棄の一環として、在韓米軍撤退や米韓同盟解消を求め、トランプ大統領ならそれを受け入れるかもしれない。このように、対話は悪人の悪だくみに利用されるだけであり、対話ではなく圧力によってこそ、非核化は実現されると説くのが「悪人の論理」である。

悪人との対話や交渉が無駄ということになれば、解決策は「体制転換（regime change）」や「（悪人の）斬首作戦」しかない。金正恩はフセインやカダフィと同一視される。軍事オプションを主張するアメリカ国内タカ派の論理である。悪人がアメリカ本土を射程に入れるICBMという強力な武器を手に入れた以上、この論理はより強く主張される。

中国も、金正恩を信用しているわけではない。中国との関係を重視した張成沢を処刑し、中国が受け入れていた金正男を暗殺したことに中国は不信感を募らせた。他方、二人の抹殺は金正恩の対中不信の現れでもあった。中国を無視し続けた金正恩の初訪中も、かつての「血の契り」のような習近平の演出も、それぞれの思惑と国益に基づく便宜的提携以上のものではない。

「弱者の論理」

これに対し、「弱者の論理」は、政治的に孤立し、軍事的に威圧され、経済的に困窮する「弱者」の北朝鮮にとって頼りは核とミサイルだけとの認識に立つ。ここから、北朝鮮の現体制と金正恩の安全を保証しない限り、非核化は実現しないとの論理が生まれ、対話が重視される。

北朝鮮は対外的な緊張や危機を演出することで体制の生き残りを図ってきた。核・ミサイル開発は、「先軍政治」の柱であり、外には抑止力として、内には政治の求心力と政権の権威として、経済建設と並ぶ国家目標として位置付けられてきた。それは、世界の先進国となる経済的成功を収めた韓国に勝てる唯一の分野であった。

そして、イラクやリビアの独裁者の末路が核・ミサイル開発への執着を助長した。

二〇〇二年の一般教書演説で、ブッシュ大統領は北朝鮮をイラク及びイランと並べて「悪の枢軸」と呼び、市民を飢えさせて、ミサイルと大量破壊兵器を持とうとしていると非難した。フセイン政権は実際には存在しなかった大量破壊兵器の保有を理由に軍事攻撃を受けて崩壊し、イランは安保理常任理事国（P5）＋ドイツとの長い交渉の後に核開発の凍結に合意した。また、リビアのカダフィ政権はすべての化学・生物・核兵器の即時・無条件廃棄に合意し、アメリカとの国交を正常化した。二〇〇三年一二月一九日、ブッシュ大統領は、こう述べた。「今回のリビアの姿勢は非常に評価されるものである。大量破壊兵器を放棄する国は、我々と良好な関係を築くことができる。そうでない国は、サダム・フセインと同じ運命を辿るであろう」。

カダフィ大佐は金正日に、「自らの国民に悲劇が降りかかることを防ぐためにもリビアに倣うべきだ」と忠告したが、北朝鮮は「アメリカ帝国主義の威嚇・恐喝に負けて、戦う前にそれまで築いてきた国防力を自分の手で破壊し、放棄する国がある」と冷ややかであった。それから七年後、ＮＡＴＯの軍事介入もあって、カダフィ政権は崩壊し、カダフィは悲惨な最期を遂げた。それは、金正恩が北朝鮮の最高指導者となる直前のことであった。金正日の死で若くして独裁王朝を引き継いだ金正恩は、頼れるのは核兵器しかないとの確信を強め、核・ミサイルの開発に拍車を掛けた。四度目の核実験を実施した二日後の二〇一六年一月八日、朝鮮中央通信は、イラクとリビアの両政権について、「制度転覆を企図するアメリカと西側の圧力に屈し、あちこち引きずられ、核開発の土台を完全に潰され、自ら核を放棄したため、破滅の運命を避けることができなかった」と指摘し、アメリカの「敵視政策」がなくならない以上、北朝鮮に核放棄を望むのは「天が崩れろと言うような愚かな行動」であると論じた。

金正恩から見れば、フセインは核兵器を保有していなかったために打倒され、カダフィは核開発を断念したために打倒された。それは孤立した独裁者にとって大きな教訓となった。核ミサイルは金正恩の命綱であり、非核化実現には「体制保証」が不可欠だ。アメリカは、核・ミサイルに代わる「体制保証」の拠り所を与えることができるであろうか。それこそが「弱者の論理」で重視される問いであり、非核化実現のカギを握るとされる。

平昌オリンピックを機に朝鮮半島を取り巻く政治の流れは大きく変化した。対話のモメンタムが一気に高まり、それまでの「悪人の論理」より「弱者の論理」が優勢となった。しかし、両者の力関係は北朝鮮の態度次第でいつでも変化し得る。そんな二つの論理を念頭に置きながら、米朝間のディール（取引）の対象となる「体制保証」と「非核化」について論じてみよう。

（3）核・ミサイルに代わる「体制保証」とは何か？

「恒久的な平和体制」

金正恩にとって、核・ミサイルに代わる「体制保証」の拠り所とは何か？

北朝鮮はアメリカの「敵視政策」を問題にし、休戦協定に代わる平和協定の締結を求めてきた。

第二次核危機に際して立ち上がった六者会合では、二〇〇五年九月に共同声明（「九・一九合意」）が発出された。北朝鮮がすべての核兵器と核計画を廃棄し、NPT（核不拡散条約）とIAEA（国際原子力機関）に復帰することを約束したのに対し、アメリカは北朝鮮を攻撃したり、侵略したりしないことを約束した。その上で、「直接の当事者は、適当な話合いの場で、朝鮮半島における恒久的な平和体制について協議する」と規定した。「非核化」と「体制保証」の交換である。

二〇〇七年の南北首脳会談後の「八項目合意」には休戦協定を恒久的な平和協定に変える必要についての共通の理解が盛り込まれた。二〇一八年四月、文在寅《ムンジェイン》大統領と金正恩委員長は会談後の共同声明で、「完全な非核化を通じ核のない朝鮮半島を実現するという共通の目標を確認」し、朝鮮戦争の終戦と平和協定の締結を目指して恒久的な平和構築に向けた南・北・米三者、または南・北・米・中四者会談の開催を積極的に推進すると表明した。休戦協定を平和協定に転換するということはどういうことか。休戦協定が結ばれた経緯を振り返りながら、問題の所在を明らかにしてみよう。

国連と米中を巻き込んだ朝鮮戦争は終わっていない

第二次大戦後、米ソにより南北分割占領された朝鮮半島には、冷戦を象徴する分断国家が生まれた。そのわずか二年後の一九五〇年六月二五日、北朝鮮の指導者金日成は、スターリンと毛沢東の支持を取り付け、朝鮮半島の武力統一を目指して韓国に侵攻し、朝鮮戦争が勃発した。当時、国際連合では内戦に勝利し誕生したばかりの中華人民共和国と台湾に逃げた国民党による中華民国との間で中国代表権問題が持ち上がっていた。ソ連は中華民国が常任理事国となっていた安保理をボイコットしていたため、安保理はアメリカ主導で動いた。六月二五日、アメリカ政府が提出した北朝鮮による侵略に対する非難決議（「敵対行為の即時停止」）が採択されたが、北朝鮮が拒否したため、二七日、アメリカは「武力攻撃を撃退」するに必要な援助を韓国に提供するよう勧告する決議案を提出し、採択された。七月七日には、両勧告に基づき提供された軍隊と援助をアメリカの指揮の下に置き、国連旗掲揚を許可する決議が採択され、マッカーサー元帥を指揮官とする「国連軍」（一六ヵ国の軍隊からなる多国籍軍であったが、全兵力の九〇％を米軍が占めた）が創設された。これは、国連憲章第四二条の「侵略に対する軍事的措置」ではなく、第三九条の「勧告」によって強制措置を取った形であり、集団的自衛権の発動を国連が認めたものと解される。一九五一年九月八日、日米安全保障条約が締結され、同時に署名された交換公文において、日本は国連軍による日本の施設利用と支援を約している。

北朝鮮軍はソ連から軍事的支援を受けていたため、軍備において韓国を大きく凌いでいた。開戦後わずか三日でソウルは陥落し、韓国軍とマッカーサー率いる国連軍は朝鮮半島南端の釜山《プサン》周辺一角にまで追い詰められたが、北朝鮮軍は補給線が伸び切っていたため、国連軍がソウル近郊の仁川《インチョン》に上陸作戦を敢行すると、戦局は一変した。九月には北朝鮮軍は撤退を始めた。トルーマン大統領は、マッカーサーの言を入れて、三八度線を越えて北朝鮮軍を追撃することを決定した。この決断が朝鮮戦争の転機となった。中国側は三八度線を越えれば介入すると警告していたが、アメリカ側はそれを虚勢であると見ていた。戦争目標は韓国救援から半島統一に変更された。国連・韓国軍は北上し、一一月には中国国境の鴨緑江に到達した。統一が近づいたそのとき、中国軍（「抗美援朝義勇軍」）大部隊が鴨緑江を越えて、参戦した。戦局は再び一変し、中朝軍が三八度線以南まで進撃し、ソウルは再占領された。三七度線付近で態勢を立て直した国連・韓国軍は、五一年三月にソウルを奪還し、三八度線北方まで確保したが、その後、戦局は第一次大戦の西部戦線を思わせるような膠着《こうちゃく》状態となった。

一九五〇年一二月の米英首脳会談で、NATOが直面するソ連の脅威を優先する「欧州第一」方針が確認され、朝鮮戦争の目標は朝鮮統一から停戦交渉のための条件作りへと転換された。マッカーサーはこれに反対し、トルーマンに解任された。五一年七月に始まった交渉は捕虜交換と休戦ラインの決定をめぐって対立し難航したが、アイゼンハワー大統領の就任やスターリンの死などを背景に、一九五三年七月二七日、国連軍司令官と朝鮮人民軍最高司令官及び中国人民志願軍司令官との間における軍事休戦協定が結ばれ、戦闘行為は停止された。しかし、今日まで休戦協定に代わる平和協定は結ばれておらず、公式には朝鮮戦争はいまだ終結していない。国際法上は戦争状態が続いており、北朝鮮の軍事挑発や米韓合同軍事演習も行われてきた。

「休戦協定」の下での朝鮮国連軍

現在も韓国ソウルには当時の安保理決議を根拠とする国連軍司令部が存在し、司令官は在韓米軍司令官が兼務している。参加国は韓国、英国、カナダ、豪州など一八ヵ国で、交戦状態となれば、これらの諸国が戦力を提供する。実際には、朝鮮戦争で主体となった米軍が駐留を続け、実質的な朝鮮国連軍となっている。

当時、韓国の李《イ》承晩《スンマン》大統領は北朝鮮の南進を抑止し、韓国の北進統一を可能とするためには米軍の駐留が必要であるとの立場から、米軍の撤退につながりかねない休戦協定に強く反対し、署名もしなかった。これを受けて、アメリカは休戦協定署名の三ヵ月後に米韓相互防衛条約を結び、国連軍として活動していた在韓米軍が本来の米軍として韓国に駐留できるようにした。

在韓米軍は今も二万八五〇〇人規模の兵力を維持している。それは、「朝鮮半島からのすべての外国軍隊撤収と朝鮮半島問題の平和的解決などの問題を交渉によって解決する」と定めた休戦協定（第四条）との関係で議論となり得る。また、米韓相互防衛条約第二条に基づく米韓合同軍事演習も、半島外からの武器・弾薬等の持ち込み停止や軍事力の強化禁止という休戦協定の規定上問題とされ得る。

一九五八年、北朝鮮は南北朝鮮からの外国軍隊の撤退を提案し、中国人民解放軍は引き揚げたが、米軍は米韓相互防衛条約の下での在韓米軍として駐留を続けた。

これに対し、一九六一年、中朝両国は「中朝友好協力相互援助条約」を締結し、「いずれか一方の締約国がいずれかの国又は複数の国家の連合による武力攻撃を受け、それによって戦争状態に陥ったときは他方の締約国は、直ちに全力をあげて軍事的援助及びその他の援助を与えなければならない」(第二条)と規定する同盟関係を持つに至った。

このように、朝鮮半島は休戦協定の下での軍事的対峙が続いたが、一九七〇年代には米中関係が改善し、九〇年代に入ると、ソ連崩壊や中韓外交関係樹立があって、「中朝対米韓」の対峙は「北朝鮮対米韓」の対峙に変化した。

こうした変化を背景に、北朝鮮はアメリカに対し休戦協定に代わる平和協定の締結を求めるようになる。休戦協定の下では、在韓米軍は国連軍としての冠も有して(北朝鮮の侵攻を想定した)軍事演習を実施していることになり、それは北朝鮮にとっては国連との「異常な関係」を意味する。二〇一五年一〇月、北朝鮮の李洙墉《リスヨン》外相は国連総会一般討論の中でアメリカとの平和協定の締結と「国連との異常な関係の是正」を求める演説を行った。平和協定が締結されれば、一九五〇年の安保理決議に規定された北朝鮮の侵略を抑止する国連軍の任務は終了するため、国連軍司令部存続の理由も失われるとの理屈である。

国連軍司令部が存続する限り、朝鮮半島有事には国連軍が日本国内の国連軍司令部後方基地を拠点として関与することが可能である。

一九五一年九月の吉田・アチソン交換公文により、日本は、サンフランシスコ平和条約発効後も朝鮮国連軍が日本に滞在することを許し、かつ、容易にする義務を受諾した。一九五四年六月には、朝鮮国連軍が我が国に滞在する間の権利・義務その他の地位及び待遇を規定する「国連軍地位協定」が締結された。この協定は、日本と一一の国（米、英、仏、伊、加、豪、NZ、トルコ、南ア、タイ、比）の間で結ばれ、第五条で「日本国政府の同意を得て」、日本国内七ヵ所の施設・区域の使用を認めている。使用に供する施設は、同協定についての合意された公式議事録に従い、「朝鮮における国際連合の軍隊に対して十分な兵《へい》站《たん》上の援助を与えるために必要な最小限度に限る」とされている。

当時、国連軍司令部は東京に置かれたが、休戦協定締結後の一九五七年にソウルに移転し、それに伴い、日本には朝鮮国連軍後方司令部が設立され、現在横田飛行場に所在している。朝鮮有事となれば、国連軍地位協定によって認められた横須賀や普天間飛行場など七ヵ所の在日米軍基地から国連軍機が朝鮮半島に出撃する可能性があり、その支援を行うのが後方司令部である。

休戦協定が平和協定に変われば、こうした体制も終了し、朝鮮国連軍や後方司令部も撤退することになる。しかし、それは北朝鮮が望むように、在韓米軍の撤退につながるだろうか？

「平和協定」締結による在韓米軍の撤退

北朝鮮には、一九七三年一月に米越間で結ばれ、ベトナムから米軍を撤退させた「パリ和平協定」が念頭にあったようだ。この協定は、ベトナム戦争の最中にキッシンジャーと北ベトナムのレ・ドク・ト特使がパリで秘密交渉を重ね、一九七三年一月に採択されたもので、ベトナムからの米軍の「名誉ある撤退」に道を開いた。つまり、朝鮮半島でも平和協定が結ばれれば、駐留米軍の存在理由はなくなり、撤退が実現することが可能となるとの理屈である。

しかし、この問題はもう少し複雑である。

第一に、米韓相互防衛条約に基づく米軍の駐留は「外部からの武力攻撃」（前文）に対する防衛のためであり、北朝鮮の武力攻撃が念頭にあるとしても、それが明示されてはいない。したがって、北朝鮮の脅威がなくなれば同条約の存在意義は大きく低下しようが、それが直ちに同条約の終了を意味するわけではない。

第二に、そもそも平和協定によって北朝鮮の武力攻撃の可能性がゼロになるのかという疑問が残る。なぜなら、パリ和平協定には続きがある。米軍の去ったベトナムでは、その三年後に南ベトナムを軍事的に圧倒した北ベトナムによってサイゴンが陥落し、統一が実現した。朝鮮戦争は、北朝鮮が武力統一を目指して始まった。アメリカを中心とする国連軍が韓国を支援しなければ、北朝鮮による統一が実現していたであろう。平和協定締結により米軍が撤退すれば、こうしたベトナムの歴史が朝鮮半島で再現されかねないとの懸念は今も残る。

第三に、米韓相互防衛条約は武力紛争が起きた場合には、相互協議と合意に加え、「各自の憲法上の手続きによって行動」すると規定されており、いわゆる自動介入条項とはなっていない。しかし、アメリカ大統領が、韓国への武力行使が駐留米軍に対する攻撃による「国家緊急事態」と認定すれば、四八時間以内の議会通告によって議会の承認がなくとも、独自に六〇日から九〇日の間、軍隊を動員することが許されている。その意味で、駐留米軍は在日米軍同様、北朝鮮の攻撃に対する事実上の自動介入を可能とする「人質」であると言える。その人質がいなくなれば、韓国や日本の安全保障は不透明感を増す。その意味でも、在韓米軍駐留は日韓両国の安全保障にとって重要なのである。他方、トランプ大統領はアメリカのコスト負担を問題にしており、条件が許せば在韓米軍を撤退させたいと考えている節がある。

最後に、仮に米韓同盟の解消にまで至るようなことになれば、中国が唯一同盟条約を有する北朝鮮との関係も見直しを迫られよう。「中朝友好協力相互援助条約」の廃棄である。

このように、平和協定の締結はこの地域の安全保障環境を劇的に変える可能性をはらむ。

(4)「朝鮮半島の非核化」の意味と進め方

「朝鮮半島の非核化」と「北朝鮮の非核化」

日本の国益に影響する「平和協定」の締結によって「朝鮮半島の非核化」は実現されるのであろうか。

そもそも「朝鮮半島の非核化」とは何を意味するのだろうか。

「非核化」は、九〇年代初頭にさかのぼる言葉であり、曖昧な概念である。冷戦終結後、朝鮮半島には米軍の核兵器しか存在しなかった。核保有を目指す北朝鮮との間で外交的解決を目指したブッシュ(父)政権は、一九九一年に韓国から戦術核兵器を引き揚げた。翌九二年には、南北両首脳が「朝鮮半島非核化共同宣言」に合意。当時のベーカー国務長官は「朝鮮半島の核問題」と呼んだ。それは、アメリカが韓国から撤去する核兵器、アメリカが提供する拡大核抑止という核の傘、そして北朝鮮の核保有の野心を含むものであった。それらをすべて包含する表現として、「武装解除（disarmament）」や「核廃棄（dismantlement）」や「核不拡散（nonproliferation）」は十分でなく、適切でもなかった。「非核化（denuclearization）」という言葉が使われ、「朝鮮半島の非核化」と呼ばれるようになった背景にはそうした事情があった。一九九四年の枠組み合意も、二〇〇五年の六者会合の共同声明も、「朝鮮半島の非核化」と明記している。

その後、状況は大きく変化し、北朝鮮は事実上の核兵器保有国となった。韓国から核兵器を撤去したアメリカからすれば、「非核化」とは「北朝鮮の核兵器廃棄」を意味するものとなった。

他方、北朝鮮が「朝鮮半島の非核化」を口にするとき、それは、北朝鮮の核兵器廃棄に止まらない。二〇一六年七月の北朝鮮政府声明は、「われわれが主張する非核化は朝鮮半島全域の非核化である。ここには南の核の廃棄と南朝鮮周辺の非核化が含まれる」と明言し、それらが北朝鮮の非核化より先になされるべきだと求めた。具体的には、第一に、韓国に核兵器を持ち込まないこと（北朝鮮は在韓米軍が核兵器を持ち込んでいると疑っている）。第二に、米軍が「朝鮮半島とその周辺に随時展開する核攻撃の手段」を用いないこと。「手段」とは、グアム島の核戦略爆撃機や朝鮮半島周辺に展開する原子力空母・潜水艦なども対象とされよう。第三に、核による威嚇を行わないこと。第四に、核の使用権を持つ在韓米軍の撤退、である。これらは、「平和体制の構築」の一環としても要求され得る。

非核化が先(「リビア方式」)か同時進行(「双軌並行」)か?

「非核化」のもう一つの問題は、その進め方である。金正恩としては、「体制保証」の切り札であり、大切な外交カードでもある核・ミサイルは手放したくないだろうし、手放すとしても、それは「体制保証」が確実となってから、というのが本音だろう。中国も、「体制保証」もなしに北朝鮮に一方的に核・ミサイルを放棄せよと迫ることは非現実的だとの立場である。それは、中国が提唱してきた「双軌並行」(朝鮮半島の非核化と平和体制の構築を同時に並行して進めるアプローチ)にも反映されている。

二〇一六年一月の核実験を前に提起された北朝鮮の考えに基づき、二月、王毅外交部長は、この「双軌並行」を提案した。「朝鮮半島の非核化」と「平和体制の構築」は六者会合の成果文書(九・一九合意)でも確認されているが、両者を「同時に並行して」進めていくとの手順が中国提案の眼目である。中国は、「双軌並行」が米朝を含むすべての諸国の要求を満たすものであり、バランスが取れ、公正で、合理的で、現実的な考え方であると主張している。しかし、アメリカは北朝鮮の非核化が先になされるべきだと主張して、この提案を拒否した。二〇一七年七月、中ロ首脳会談に合わせて署名・発表された共同声明では、「二つの暫時停止」（注1）と「双軌並行」という中国の提案とロシアの段階的解決論を加味した形のロード・マップが提案された。それは、①「二つの暫時停止」→②交渉→③武力不行使、不侵略、平和共存を含む総体的原則の確定→④核問題を含むすべての問題の一括妥結である。

二〇一八年三月の中朝首脳会談を報じた中国国営通信新華社によれば、金正恩は「（米韓が）善意を以て応じ、平和実現のために段階的、共同歩調の措置を取るならば、非核化の問題は解決できる」と報じた。

中国にとって、北朝鮮の核・ミサイル開発は朝鮮半島を不安定化し、中国の安全保障環境を危うくし、経済発展にもマイナスとなる。北朝鮮が非核化を進めることによって、朝鮮半島に「恒久的な平和体制」が構築されれば、朝鮮半島におけるアメリカの存在と関与を劇的に減らす可能性があり、中国の戦略的利益に資する。

中朝両国は、二〇一八年三月に続き、六月の米朝首脳会談の前後にも二度にわたって首脳会談を行い、「段階的で同時歩調」で一致した。北朝鮮は、四月に核・ミサイル実験の停止を発表し、五月には豊渓里《プンゲリ》の核実験場の坑道を爆破した。中国はこれらを非核化に向けた努力として評価した。中朝関係の改善は、貿易戦争の他、台湾や南シナ海をめぐってアメリカと対立する中国にとってのカードとなる。北朝鮮にとっても、中国を後ろ盾としたことで、対米交渉力を高めることができた。もちろん、既に述べた通り、中朝関係は依然微妙であり、北朝鮮としては中国の影響力が高まり過ぎるのは避けたいところだろう。

これに対し、ボルトン米大統領補佐官（国家安全保障担当）は六月の米朝首脳会談を前に、大量破壊兵器廃棄を確認した後で制裁解除や国交正常化を行った「リビア方式」を主張した。これに北朝鮮は強く反発した。金桂冠《キムゲグアン》第一外務次官は、談話を発表し、「核保有国である北朝鮮と、核開発の初期段階にあったリビアを比較すること自体が極めてばかげている。アメリカは北朝鮮の寛大さと寛容な措置を弱さの表れと誤認しており、あたかもこれがアメリカの制裁と圧力の産物だと誇張、喧伝《けんでん》している」、「世界は、わが国が凄惨な末路を歩んだリビアやイラクではないことをよく知っている」と非難した。

「完全非核化先行、見返りその後（体制保証なし）」というリビア方式と、「双軌並行」という段階的なアプローチの隔たりは大きい。前者は、「騙されるな」との「悪人の論理」に立ち、後者は「圧力に屈した形では国内的に持たない」「安全の保証もなく、丸腰になれというのは現実的ではない」との「弱者の論理」につながる。

双方のアプローチの背景には、根強い不信感が存在している。アメリカは北朝鮮に核・ミサイルを手放す意思が本当にあるのかを疑い、北朝鮮はアメリカに北朝鮮の体制を保証する意思が本当にあるのかを疑う。米朝間には国交がなく、大使館もない。政府間の接触や対話は核とミサイルの協議に限られてきた。そこで生まれた合意も崩れ、米側には不信感だけが残った。一方、かつてリビアで起きたことは、アメリカとの約束は不十分(体制保証なし)であり当てにもならないとの不信感を北朝鮮に植え付けた。その不信はイラン核合意からのアメリカの離脱によって一層募った。

体制保証もなく核・ミサイルを手放せばカダフィの末路を辿ることになる。そんな不安を募らせる「リビア方式」は核とICBMを手に入れた北朝鮮には受け入れがたいし、それを中国も支持する。となれば、「行動対行動」の原則で、北朝鮮の非核化の進展に合わせて米側も北朝鮮の体制保証に向けた措置を取るという段階的なプロセスを進めるしかない。しかし、それは、かつての米朝協議や六者会合の失敗を想起させる。失敗を繰り返さないためには、CVIDを期限を切って完了する必要があり、そのためには、査察の範囲や手法を含め、解釈に齟齬《そご》のない書面での合意を作り上げることが前提となる。

（5）朝鮮半島の非核化と日本の国益

日本の国益との関係では、「非核化」と日本の安全との関係についても論じなければならない。

「デカップリング」の懸念

九〇年代、米朝間では「枠組み合意」とは別に、ミサイル協議が重ねられた。しかし、北朝鮮は「人工衛星」発射と称し、宇宙の平和的利用という論理でミサイル発射を続け、核実験も繰り返した。

今や、状況は一変した。北朝鮮は核兵器とアメリカに届くICBMを手に入れた。事実上の核兵器保有国であり、初歩的なりとも対米核抑止力も持つ。ここから「デカップリング」の議論が生まれる。北朝鮮がアメリカ本土に届くICBMを実戦配備することになれば、アメリカの核の傘への信頼性を再確認する必要が出てくる。トランプ大統領に近いリンゼイ・グラハム議員は、「もし大統領がアメリカの安全と地域（北東アジア）の安定のどちらかを選ばなければならなくなれば、彼は前者を選ぶだろう」と発言した。その発言が日本の不安と懸念を惹起する。

第一に、日本が北朝鮮に核攻撃されてもアメリカは（北朝鮮の報復核攻撃を招かないように）北朝鮮への核攻撃を思いとどまるかもしれないとの不安である。この不安は核の傘への信頼感の低下につながる。

第二に、ＩＣＢＭが実戦配備される前にアメリカが北朝鮮への先制攻撃を行うかもしれないとの懸念である。共和党の多くの議員が先制攻撃を支持するが、先制攻撃にせよ予防戦争にせよ北朝鮮の反撃能力を壊滅するのは困難だ。非武装地帯（ＤＭＺ）北方に築かれた洞窟陣地の長距離砲やロケット砲によりソウルが火の海となり、米軍基地のある日本も対岸の火事では済まされない。核ミサイル一発でも被害は甚大だ。日本として甘受できる選択肢ではない。

いずれの不安も懸念も、ニューヨークを犠牲にしてまで東京を守るかとの疑心暗鬼が同盟に亀裂を生む「デカップリング」を意味する。

同盟とは、単に日米安全保障条約という文書によって担保されるのではない。平時から、両国がその文書を具体的行動によって確認することによって、危機に際して同盟が機能するとの確信を共有することが必要となる。日米間の合同訓練や首脳会談などによって北朝鮮の脅威に対するアメリカの日本防衛への断固たる意志と能力が不断に示される限り、アメリカの拡大核抑止、つまり、「核の傘」への信頼は揺るがず、北朝鮮の核攻撃に対する抑止は機能し続けるだろう。

「CVID」と弾道ミサイルの扱い

日米韓が目標とする「非核化」は、ミサイルも含む、北朝鮮の核・ミサイルの完全で検証可能かつ後戻りしない廃棄（dismantlement）を意味するものでなければならない。問題はミサイルが何を指すかである。

北朝鮮は、二〇一八年四月の党中央委員会総会で、核実験とＩＣＢＭの試射中止を発表した。しかし、日本にとっては短・中距離弾道ミサイルも脅威である。

北朝鮮は約二〇〇発のノドン・ミサイルを保有している。その射程は一三〇〇キロメートルに達し、発射後七〜一〇分で北海道を除く日本の全土に届く。特に、その波状攻撃がなされた場合に、日本のミサイル防衛システムによってすべて撃ち落とすことができるか、不安は残る。日本からすれば、「ＣＶＩＤ」はすべての弾道ミサイルの廃棄を含むものでない限り、国家・国民の安全という日本の国益を確保したとは言えない。この点は、日米間で認識のすり合わせが行われており、ＣＶＩＤにはすべてのミサイルが含まれることが確認されている。

脅威は能力と意図からなる。意図はいつでも変わり得る。北朝鮮がミサイルという能力を放棄しない限り、日本にとっての脅威は消えない。日本としては、能力を除去するための外交を展開する必要があるが、「弱者の論理」に立って米朝交渉が進めば、一部の能力を残したまま、平和協定が結ばれる可能性も排除できない。日米同盟による抑止力でよしとするのか、交渉で判断を迫られる可能性もある。

(6) 米朝対話の行方

「悪人との対話」

外交の主要なツールは対話と交渉である。軍事的・経済的圧力が効果を上げるとしても、それは対話と交渉を通じて初めて具体的な結果につながる。イランの核合意も厳しい制裁の下での対話によって実現した。

「悪人の論理」からすれば、一つの譲歩は更なる譲歩を余儀なくさせ、交渉は時間稼ぎに使われ、合意は危機の先送りとなる。第二次大戦前、戦争を恐れたチェンバレン英首相はミュンヘン会談でヒトラーの要求を飲んだ。ヒトラーの野心を満たすことで一時的な平和を持ち帰ったチェンバレンを国民は歓呼して出迎えた。しかし、先送りされた危機は未曾有の大戦争となって英国を飲み込むことになる。一九三八年のミュンヘン会談は英国にとって不名誉な歴史的大失策と批判される「宥和主義（appeasement）」の代名詞となった。

この歴史の教訓からは、北朝鮮の核・ミサイル問題への対応には国際社会の毅然とした圧力が不可欠だという主張がなされ得る。安倍首相も、「これ以上対話を呼びかけても無駄骨に終わるに違いない。北朝鮮の目には『諸外国が屈して対話を求めてきた』とさえ映りかねない」と指摘して、圧力強化を訴えた（二〇一七年九月一八日付、ニューヨーク・タイムズへの寄稿）。確かに、北朝鮮との対話と交渉の歴史は失敗の歴史であった。そして、その原因を全面的に北朝鮮に帰す「悪人の論理」では対話は無駄ということになる。

米側からすれば、合意を破ってきたのは北朝鮮という不信感がある。

しかし、一九九四年に米朝間で合意された「枠組み合意」は、北朝鮮の合意違反行為のみならず、米議会の消極姿勢（軽水炉建設の遅れ）や政権交代（ブッシュ政権の政策変更）もあって瓦解した。二〇〇八年の六者会合の共同声明では、合意履行の検証の詰めにおいて甘さを露呈した。また、交渉は時間稼ぎに利用されるだけだとの批判もあるが、そうした批判をする人は、交渉しない間には交渉している時以上に核開発が進む可能性があることには目をつむる。圧力を維持しつつ、緻密な交渉を行うことができれば、対話は依然として有用である。対話を排除するのではなく、過去の対話の失敗を繰り返さないことが重要だ。

イラン核合意は「最悪の合意」か？

対話が有効であることは、厳しい経済制裁を背景に粘り強く交渉した末に到達したイラン核合意が物語っている。トランプ大統領は「最悪の合意だ」と述べて合意から離脱したが、もしこの合意がなかったら、イランの核開発はさらに進んでいたであろう。イランの核兵器保有は、域内の核連鎖にもつながりかねず、中東安定にとって最大の脅威である。また、ＩＣＢＭの開発と合わされば、アメリカの脅威ともなる。核兵器に転用できる高濃縮ウランや兵器級プルトニウムを一五年間は生産しないとしたイラン核合意は、不十分ではあるが、イランの核開発を凍結させたことも事実である。アメリカの世論調査でも、それを支持する割合が共和党支持者を含め多数である。

北朝鮮に対するＣＶＩＤ非核化要求をイランにも突きつけたトランプ大統領は、政策の一貫性とＣＶＩＤへの強い意志を示したとも言えるが、問題はそれが合意可能で、履行可能かということにある。

合意が履行されるか否かは、合意の履行が双方にとって利益となるとの認識が存在するか否か、そして、その認識が持続するか否かにかかっている。イラン核合意は、欧米諸国とイラン双方が国益に資すると認識したからこそ、二年間履行された。それをひっくり返したトランプ大統領は、この微妙なバランスの上に立った核合意に代わる新たな合意を作り出すことができるのだろうか。それも、欧州同盟諸国との対イラン結束を壊し、イランの穏健派の影響力を削ぎ、一人でこの複雑で難度の高い問題に取り組まねばならない。軍事力行使や体制転覆は中東を更なる混乱に陥れる。

イランは反発する。二年もの交渉の末にまとまった合意を翻し、それよりはるかに厳しい要求を突きつけるアメリカとの再交渉に応じるとは考えにくい。そもそもアメリカが問題にするイランの地域的野心の背景にはイラク戦争や宗派対立が招いた力の空白がある。それを制裁や新たな合意によって抑え込もうとするのには無理がある。また、欧米に届くICBM開発については、核合意とは別途、欧州諸国と連携して、制裁も辞さない姿勢を示していくことが現実的な政策であろう。

(7) 非核化は実現できるか？

米朝首脳会談と非核化の行方

二〇一八年六月一二日の米朝首脳会談で両者が署名した共同声明には、「北朝鮮の安全の保証」と「朝鮮半島の完全非核化」の約束が明記された。これをどう評価すべきだろう。

「非核化」については、アメリカが要求していた「完全かつ検証可能で不可逆的な非核化（CVID）」の文言は入らなかった。北朝鮮の最高指導者がアメリカ大統領に対して直接「完全非核化」を約束したことの政治的重みを否定すべきではないが、その約束は五月の南北首脳会談時の「板門店宣言《パンムンジョム》」を超えるものではなく、祖父や父が約束したIAEAによる査察もない。非核化の範囲や手順といった細部は実務者協議に丸投げされる形となった。

その一方で、トランプ大統領は、共同声明で、北朝鮮への「安全の保証」の供与や「平和体制の構築」の共同努力を約束し、会談後の記者会見では、非核化には技術的に長い時間がかかること、対話継続中は米韓合同軍事演習を中止すること、在韓米軍を縮小したり撤収させたりする可能性があること、日韓両国が経済支援の用意があることを表明した。結果を見る限り、最強のネゴシエーターを自負するトランプ大統領の持ち出しばかりが目立つ。

それでも、「弱者の論理」からすれば、「朝鮮半島の非核化」に向けた長く複雑なプロセスの最初の一歩と評価できないこともない。また、軍事衝突も危惧された米朝関係が外交と対話を基調とする局面に転換され、朝鮮半島の緊張が和らいだことを歓迎する声も少なくない。

しかし、それは北朝鮮に対する圧力の低下も意味する。「力の外交」を信奉するトランプ大統領も「対話」と「圧力」の関係を管理し切れていない。圧力を欠いた対話が続くなら、時間は北朝鮮に味方する。トランプ大統領が「最大限の圧力」という言葉を使わないとなれば、国際社会の制裁は緩み、制裁網に綻《ほころ》びが出る。金正恩が「弱者」の仮面を被った「悪人」なら、緒に就いたばかりの米朝交渉は過去の失敗を繰り返すことになるだろう。悪人に武器を捨てさせるには「圧力」が必要だし、弱者に武器を捨てさせるには「安全の保証」が必要だ。北朝鮮が「民族の生命」であり、「最高の利益」と呼んできた核の廃棄は、「圧力」と「安全（体制）の保証」があって初めて現実味を帯びる。

また、北朝鮮がCVIDに合意するとしても、その廃棄プロセスは長く試練に満ちたものとなる。北朝鮮が保有する核弾頭は六〇発とも言われ、二〇一七年九月の核実験では広島に投下された原爆の一〇倍以上の爆発力を有する核兵器が使用された。ミサイルは一〇〇〇基に上り、日本を狙えるノドンはその二割に当たり、アメリカ本土に届くICBM「火星一五型」も保有する。かつてのリビアや南アフリカの「非核化」に比べて、対象となる核兵器や関連施設の規模ははるかに大きいし、核生産関連サイトは四〇〇ヵ所とも言われ、査察に必要な専門家は三〇〇〇人との指摘もある。それだけの大掛かりな査察を短期間で実施するのは難しい。核・ミサイルの貯蔵場所も広範で特定は困難である。権威あるスタンフォード大学の研究所は非核化プロセスが長期に亘り、最長一五年はかかるとして、最も危険な部分から取り組む段階的非核化が最善のアプローチであるとの報告書を発表した。しかし、選挙を意識する民主主義国家の指導者にとってそんな時間的余裕はない。一部の核兵器の国外への搬出映像が流れれば十分と考えるかもしれず、そうなれば、CVID実現は遠のく。濃縮ウランの平和利用やロケット技術者の扱いをどう考えるかというグレイ・ゾーンへの対応や生物・化学兵器の問題もある。こうした諸点を考慮すれば、CVIDの合意と履行には大いなる困難と不確実が伴う。過去の失敗を繰り返さず、優先度をつけて一つ一つ「非核化」に向けた措置を着実に積み重ねていくしかない。その際に欠かせないのが検証である。非核化の実現において検証は避けて通れない。北朝鮮がIAEAの査察を受け入れ、制限のない検証が順調に行われるか否かが「非核化」のカギを握っている。

「検証」の重要性

トランプ大統領が敬愛する故レーガン大統領は、「信頼せよ、されど検証せよ」というロシアの格言を好んで使った。一九八七年に米ソが中距離核戦力（INF）全廃条約を締結した後、両国はレーガンの言葉通り、互いに厳格な査察を続け、核の脅威を大幅に減らした。レーガン政権下で国務長官として米ソ核軍縮交渉に携わったジョージ・シュルツは二〇一七年に、(北朝鮮問題について)「唯一対話だけが現実的選択肢」と勧告する共同書簡をトランプ大統領に送った。シュルツは自らの回顧録で、(米ソの)「相互に利益となる合意」への意欲の有無が交渉の成否を決めると述べている。そして、そうした取引をし、それを守れる相手かどうかを見極める大切さを指摘した。果たして米朝は相互に利益となる合意を作り出すことができるであろうか。そして、そもそも、金正恩は信頼できる交渉相手なのか。

米朝首脳会談後、トランプ大統領は、金正恩委員長を「交渉に値する人物だ」と称賛し、信頼感を示したが、金委員長が約束した「完全非核化」について、「検証」という言葉を口にすることはなかった。米ソの核軍縮は対称的な約束の履行を相互に検証し合うわかり易さがあった。これに対し、「非核化」と「平和体制構築」をめぐる米朝交渉は非対称の約束を相互利益となる形の合意にまとめ上げなければならず、その履行の検証はもっぱら北朝鮮でのみ行われることが想定されるため、「相互主義」欠如による不満やインセンティブ不足が生まれやすい。

検証をめぐって対立や合意違反が生まれれば、対話はたちまち暗礁に乗り上げる。史上初の米朝首脳会談でなされた合意は重い。それだけに、曖昧な合意の中身(「非核化」と

「平和体制構築」(の範囲と手順)を詰め、それを検証が伴った形で履行することができなければ、対話プロセスは行き詰まり、再び非難の応酬と軍事的対峙による緊張が高まることになる。

2 東シナ海の対立と海の守り

(1) 日中が攻守対峙する「新常態」

東シナ海資源開発問題

東シナ海での中国の一方的な資源開発活動や尖閣諸島(中国名「釣魚島」)周辺海域(日本の領海や接続水域)への中国公船(政府所属の船舶)の侵入は、現場海域での緊張や外交的応酬を伴う形で常態化した。

第一に、一九七〇年代より豊富な石油・天然ガスが埋蔵されていると見られていた東シナ海では、近年、日中海岸線から等距離の中間線の西側海域において、中国が資源開発を活発化させており、白樺（中国名：春暁）など多くのガス油田開発構造物が確認されている。中間線の中国寄りの海域であっても、境界画定がなされていない中での中国側の一方的な資源開発は日本として認めることはできず、中国に対し強く抗議し開発の中止を求めてきた（注2）。

この間、日中両政府はこの問題を解決すべく交渉を続け、胡錦濤国家主席の訪日直後の二〇〇八年六月には、「東シナ海の協力に関する日中共同プレス発表」が行われた。両国は「境界画定が実現するまでの過渡的期間において双方の法的立場を損なうことなく協力する」ことで一致した。具体的には、白樺への日本企業の参加や翌檜（中国名：龍井）南側の中間線を跨ぐ海域での共同開発などで合意した（注3）。しかし、この画期的な合意に対する中国国内の反応は厳しかった。発表のタイミングを含め慎重な公表・説明を心がけたが、日本メディアの報道もあり、中国国内では、中国政府は沖縄トラフではなく、中間線まで後退する形で日本に譲歩したとの批判が渦巻いた。ネットは炎上し、外交部は批判の矢面に立った。

国内説明に追われた外交部幹部は次の点を強調した（楊潔篪外交部長の記者会見二〇〇八年六月二五日付け「人民日報」）。「春暁」開発は中国の法律に従って日本企業が参加する「協力開発」であり、共同開発ではない。「春暁」の主権は中国にある。また、中国は日本が主張する中間線を認めたことはなく、中国は自然延長原則によって境界画定を行う。

当時筆者は外務省アジア大洋州局において本件に関与しており、中国外交部には「共同プレス発表」通りの国内説明を求めたが、その際、外交部が国内で直面していた圧力が容易ならざるものであることを感じた。それは、合意の実施の難しさを予感させた。その後、中国側は日本側の合意履行の求めに応じる姿勢は見せつつも、合意の具体化に向けた動きを見せることができなかった。

同年一二月の中国公船の尖閣諸島領海への侵入事件もそうした流れの中で起きた。その直後に開催された日中韓サミットの際の日中首脳会談において、麻生首相は中国公船侵入に強い遺憾の意を表し、再発防止を求めた。会談に同席していた筆者には、その時に見せた温家宝首相の戸惑いに中国国内政治の影を感じた。

その頃、中国のネットでは、鄧小平の残した「擱置争議（係争を脇に置いて）、共同開発」の方針に代わって、「主権在我（主権は我にあり）、単独開発」の声が広がりを見せていた。東シナ海での中国の一方的開発は進み、構造物も増えていった。今日、日中の地理的中間線の中国側には計一六基の構造物が確認されている。

尖閣諸島周辺海域での中国の活動の増大

第二に、尖閣諸島周辺において、中国の公船や航空機の活動が規模・回数共に増加し、日本の海上保安庁や航空自衛隊が退去を求めるという中日攻守対峙の状況が定着した。図4－1は、日本の領海及び接続水域で確認された中国公船の数の推移であり、決定的変化が三つの出来事を契機として生起したことが窺われる。

第一は、二〇〇八年の一二月八日に起きた中国公船の尖閣諸島領海侵入事件である。これは史上初の中国の公権力による日本の主権侵害行為であり、その意味で、日中関係における重大事件であった。この日、突如として尖閣諸島周辺の我が国領海内に侵入した中国公船二隻は、度重なる海上保安庁巡視船からの退去要求及び外交ルートを通じた抗議にもかかわらず、同日夕刻までの約九時間にわたり我が国領海内を徘徊・漂泊した。この事件について、日本政府は、「中国公船が我が国の主権を侵害する明確な意図をもって航行し、実力によって現状変更を試みるという、尖閣諸島をめぐり従来には見られなかった中国の新たな姿勢が明らかになった」(外務省ホームページ)との認識を示した。

中国側がなぜこのタイミングで現状変更を試みる行動を取ったのかについては定かでない。この事件の数日後に福岡で開催された日中韓サミットの際の日中首脳会談での筆者の観察については既述の通りである。同会談で温家宝首相は四川大地震において日本の緊急援助隊が「中国一三億の人民を感動させた」とも述べており、数ヵ月前の北京オリンピッ

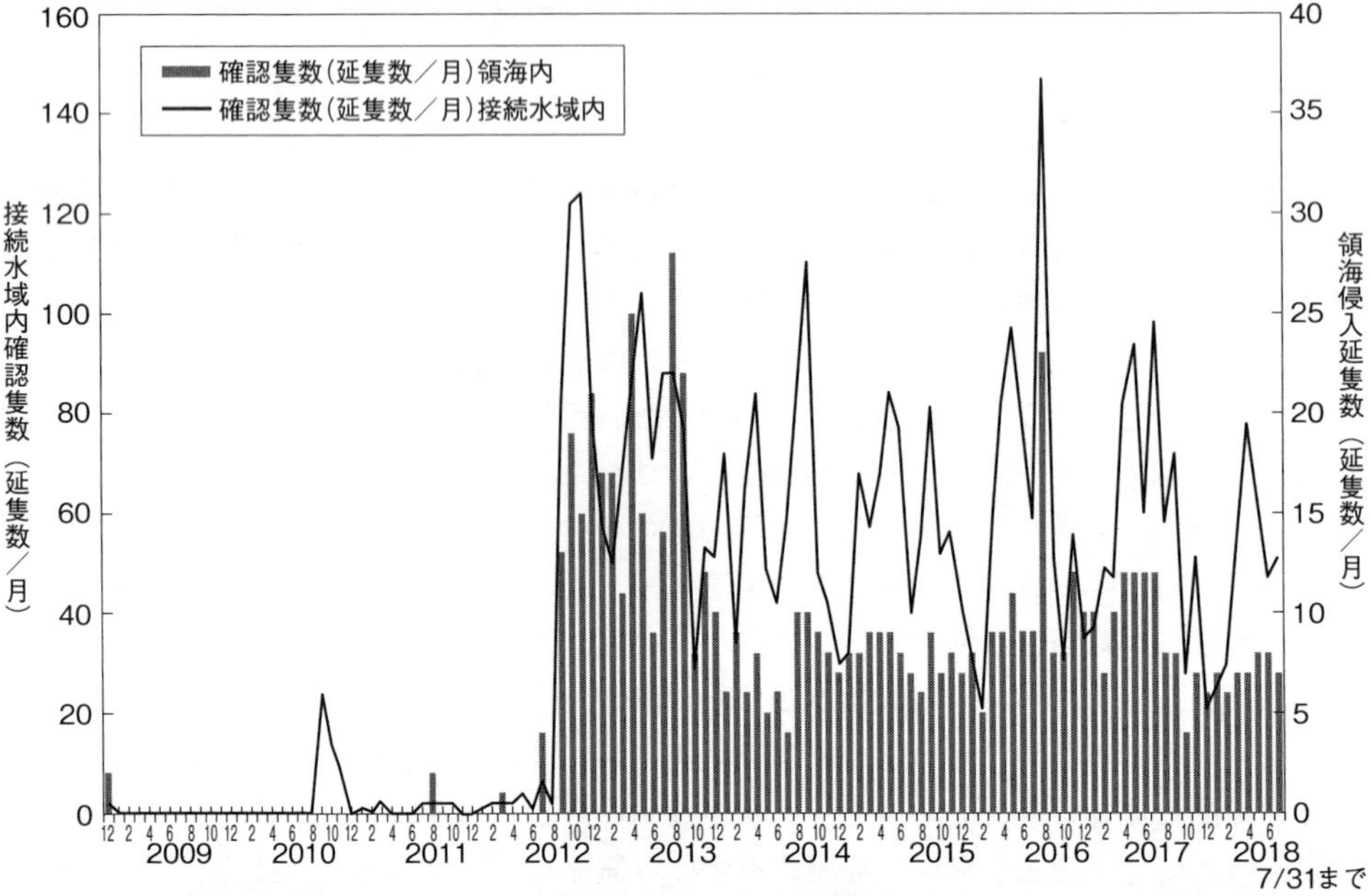

図４−１　尖閣諸島周辺海域における中国公船等の動向（海上保安庁ホームページ 2018 年 8 月 25 日閲覧）

クへの福田赳夫首相の出席なども考えると、中国公船の闖入《ちんにゅう》はいかにも唐突であった。当時は、「偉大な中華民族の復興」を北京オリンピックで象徴し、ナショナリズムや自信を強めていた時期であり、世界金融危機の発生もあって、中国の社会や内政は流動的な様相を呈していた。胡錦濤・温家宝体制も盤石とは言えず、同政権が重視した日中関係も国内の権力闘争や反日感情の影を引きずっていた。また、海洋権益や海上治安に当たる機関が複数存在し、互いに連携・調整もないままに活動していたとの事情もあった。こうした複雑な状況が事件の背景にあった。

第二は、二〇一〇年九月七日の尖閣諸島周辺の日本領海内で侵犯操業していた中国漁船による日本の海上保安庁船舶への衝突事件である。この時以降、中国公船は従来以上の頻度で尖閣諸島周辺を航行するようになった。

この衝突事件では、海上保安庁巡視船に体当たりした中国漁船の船長を公務執行妨害などの容疑で逮捕し、那覇地検石垣支部に身柄付きで送検した。これに中国政府は強く反発した。日本の国内法に基づいて事件の刑事手続きを進めるのは、尖閣諸島の領有権「棚上げ」に関する日中間の「約束」に反するとの理屈である。日本企業駐在員の「スパイ容疑」での拘束やレアメタルの対日輸出規制といった動きにも出た。結局、日本側は那覇地検の決定という形で中国人船長を処分保留のまま釈放した。

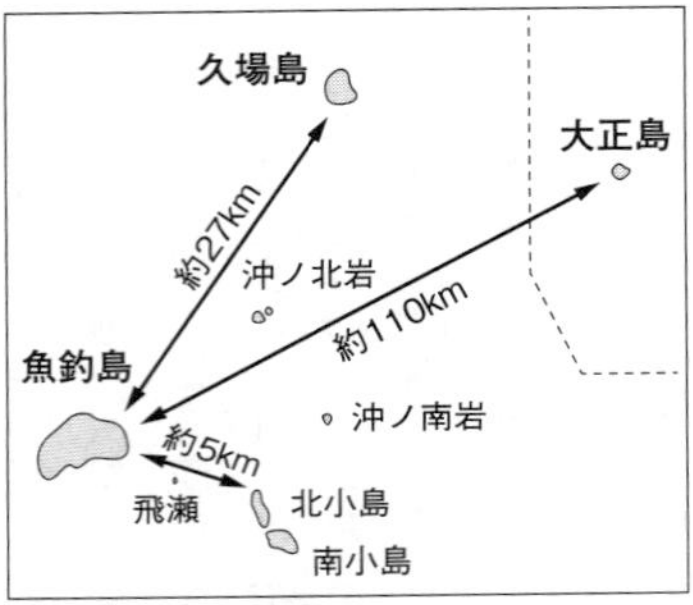

図4−2 尖閣諸島
(外務省 HP より)

しかし、中国側は海保の巡視船が中国漁船に衝突してきたとして、日本に対し謝罪と損害賠償を請求してきた。日本国内では、衝突時の録画映像を公開すべきだとの声が高まり、政府の非公開の立場に疑問を持った一人の海上保安官が映像をネットに流出させた。映像は日本の対中感情を悪化させ、菅直人政権への批判が高まった。

第三は、二〇一二年九月の日本政府による尖閣諸島(図4−2)の三島(魚釣島、北小島、南小島)の購入である。日本政府は、二〇〇二年度から三島の賃借契約を地権者と結んで年間二四五〇万円を支払っていたが、石原慎太郎東京都知事がこの三島購入に動いたため、当時の野田佳彦政権は、尖閣諸島を「長期に亘る平穏かつ安定的な維持及び管理を図るため」との観点から、都が集めた寄付金額を上回る二〇億五〇〇〇万円で三島を購入した(なお、大正島は国有地であり、久場島は個人所有で防衛省が賃借している)。

日本政府は、尖閣諸島の現状は日本政府の管理の下で維持されてきており、この三島購入も「一九三二年まで国が有していた所有権を民間の所有者から再び国に移転するものに過ぎない」と説明した。しかし、中国側は「国有化」であると反発し、かつてない大きな反日デモが中国全土で繰り広げられ、日本企業に被害も出た。

この時以降、中国公船の数は激増する。中国公船は荒天の日を除きほぼ毎日接続水域に入域するようになり、毎月三回程度の頻度で領海侵入を繰り返してきた。二〇一六年一二月には、外観上、明らかに機関砲を搭載した中国公船による接続水域への入域も初めて確認され、その後は当該船舶による領海侵入も発生している。

前掲のグラフから明らかな通り、この三つの時期に中国公船の活動がそれまでとは異なる段階に突き進んだ。なお、二〇一六年八月に急増しているのは、七月に南シナ海問題に関する常設仲裁裁判所の裁決をめぐって、日中間で外交上の応酬があったことが背景にあった。すなわち、日本が「当事国は今回の判断に従う必要がある」との外相談話を発表したのに対し、中国外交部報道官が「日本は南シナ海の問題に火を付け、煽り立てるやり方を考え直し、南シナ海問題に介入し報道や宣伝を繰り返し行うことを止めるべきだ」と反論した。中国は日本が南シナ海問題に「手を突っ込む」ことへの不快感を尖閣諸島周辺への行動によって示した。そこには、中国の「両海運動」という東シナ海と南シナ海における政策の連動性が見られる。この月の侵入件数は史上最高を記録した。

（2）尖閣諸島をめぐる対立

日中の立場の相違

日本政府の立場は明確である。尖閣諸島が日本固有の領土であることは歴史的にも国際法上も明らかであり、現に日本はこれを有効に支配しており、尖閣諸島をめぐって解決しなければならない領有権の問題はそもそも存在しない。これが日本政府の立場である。

しかし、一九六八年の国連による調査の結果、東シナ海に石油埋蔵の可能性があることが明らかになると、尖閣諸島への注目が高まり、中国政府及び台湾当局は独自の主張を始めた。一九七一年一二月三〇日付の中国外交部声明では、「釣魚島」（尖閣諸島の中国名）は台湾の付属島嶼《とうしょ》であり、台湾同様、昔から中国領土の不可分の一部であると宣言し、次のような独自の主張を展開した。

①明代に、これらの島嶼はすでに中国の海上防衛区域に含まれ、それは琉球に属するものではなく、台湾の付属諸島である、②日本政府は中日甲午戦争（日清戦争）を通じて、これらの島嶼をかすめとり、さらに当時の清朝政府に圧力をかけて一八九五年四月、「台湾とそのすべての付属島嶼」及び澎湖列島を日本に割譲させる不平等条約＝馬関条約（日本

は「下関条約」と呼ぶ）に調印させた、③第二次大戦後、アメリカ政府が台湾の付属島嶼である「釣魚島」などの島嶼に対して「施政権」を持っていると一方的に宣言したことはもともと不法なものである、④一九五〇年六月二八日、周恩来外交部長は「台湾と中国に属するすべての領土の回復」を目指す中国人民の決意を発表した。

尖閣諸島が「中国領土の不可分の一部をなす」との根拠について、中国側は大量の文献資料において、中国人民が最も早く発見し命名したこと、中国漁民が漁業等の生産活動に従事していたこと、明代の冊封使によって発見・認知されたことなどが裏付けられると主張するが、いずれの主張も国際法上有効な論拠とは言えない。中国が歴史的領有の根拠とする文献の記載内容も不十分である。

このように日中間にはいくつかの歴史的根拠や国際法上の論点をめぐる見解の相違が存在する。その一つが一八八五年一〇月の山縣内務大臣と井上外務大臣との間でやりとりされた書簡である。

山縣有朋と井上馨の交換書簡と尖閣諸島の日本編入

中国側は、この両書簡から明治政府が尖閣諸島を清国の領土と認めていたことは明らかであると主張する。

一八八五年、山縣は尖閣諸島の調査を命じ、沖縄県令は聴取した内容を報告し国標建設の可否を問う上申書を山縣に提出した。山縣内務卿は、沖縄県令の上申書に記された「別に清国所属の証跡は少しも相見え申さず」を引用して、実地踏査と国標建設を差し支えなしと述べているのに対し、井上外務卿は、「にわかに公然と国標を建設する等の処置を行えば、清国の疑惑を招くだろう」と指摘し、「実地踏査をさせ、港湾の形状並びに土地物産開拓見込の有無詳細を報告させるに止め、国標を建て開拓等に着手するは他日の機会に譲るべき」と回答している。

この交換書簡をどう解釈すべきか。第一に、山縣が沖縄県令の報告を踏まえ、「清国所属の証跡は少しも相見え申さず」と述べたのに対し、井上も尖閣諸島が清国国境に「接近」していると述べ清国領土とは認めていない。もし清国の領土に日本の領土であることを宣言する「国標」を建てれば、清国は、「疑惑」どころでなく、抗議など何らかの外交的措置に訴えるであろう。ここで「疑惑を招く」と述べているのは、「台湾近傍清国所属の島」まで占領しようとするのではないかとの疑惑である。図4－3から明らかな通り、尖閣諸島は台湾近辺の付属島嶼よりも、そして日本の与那国島よりも台湾から遠く離れている島である。第二に、井上も「国標建設」自体には反対しておらず、日本政府の「実地踏査」には同意もしている。この二点に鑑みれば、この交換書簡は、尖閣諸島が清国に属さないということを前提に、日本政府が丁寧かつ慎重に領土編入の手続きを進めていたことを示す書簡であると解釈すべきである。「国標建設は他日の機会に譲るべし」との井上の見解は、外務大臣として当然の国際情勢判断と外交的配慮からタイミングを選ぶよう助言したと見る方が自然だ。

一八八六年に沖縄を視察した山縣は、沖縄県令の国標建設の上申を当面の間許可しない方針を提示した。

それでも沖縄県では尖閣諸島の編入と国標建設の要望が続いた。政府は、九二年に尖閣諸島調査のため帝国海軍の「海門」を派遣している。

一八九四年八月、日清戦争が勃発。日本の勝利が確実となっていた一二月、再び内務省と外務省の間でやりとりがなされた。尖閣諸島をめぐる状況が変わったとする野村靖内務大臣に意見を求められた陸奥宗光外務大臣は別段異議はない旨回答している。下関条約締結（一八九五年四月一七日）に先立つ一八九五年一月一四日の閣議決定により、久場島及び魚釣島は沖縄県所轄とし、国標建設は許可された。

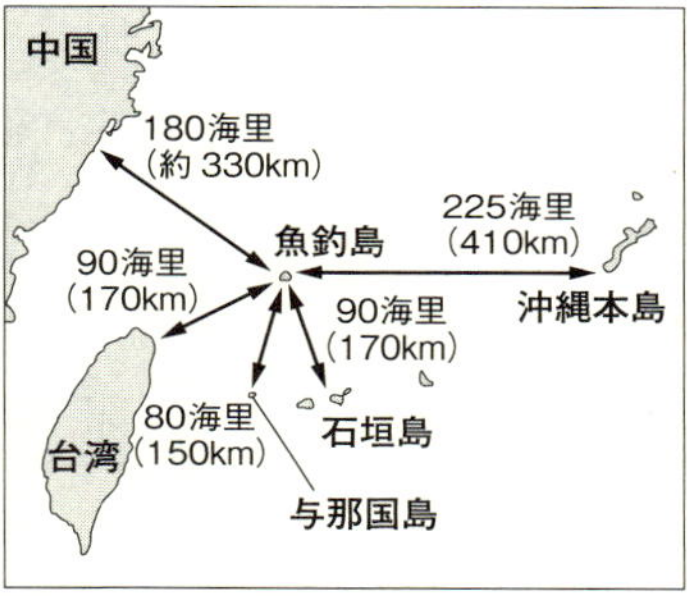

図4－3　尖閣諸島の位置
(外務省 HP より)

下関条約には尖閣諸島についての言及は一切ない。日本政府からすれば、尖閣諸島は下関条約締結以前の閣議決定によって沖縄県八重山に編入されたのであり、無主の地を先占するという国際法上認められた法理に基づく国家行為である。したがって、下関条約により日本に割譲されることになった台湾の付属諸島の中には含まれていないというのが日本の立場である。当然、サンフランシスコ平和条約第二条（b）により日本が放棄すべき「日清戦争によって中国から割譲を受けた台湾及び澎湖諸島」にも含まれないことになる。

尖閣諸島の国標建設が問題となった当時、日本で作成された地図には「尖閣諸島」という名前はなかった。無人島であった尖閣諸島に関心を抱いた実業家の古賀辰四郎は、一八九五年尖閣諸島に渡航し、久場島に上陸した。水禽や海産物が豊富で前途有望とみた古賀は九月に野村内務大臣に謁見し、尖閣諸島の貸与を申し入れている。

もし尖閣諸島が清国の支配下にあれば、下関条約によって尖閣諸島も割譲の対象としていたはずである。一八九四年九月中旬には、平城と黄海での戦勝により日清戦争での日本の勝利は確実となり、陸奥は講和案を伊藤首相と協議している。その中には、台湾割譲を含む案もあった。従って、台湾の付属島嶼として割譲の対象としようと思えばできたであろうが、そうしないでわざわざ閣議決定により日本への編入を決定したのである。明治政府が尖閣諸島を台湾の付属諸島と見ていなかったからこそ、こうした手続きを取ったと言えよう。

以上から、尖閣諸島は、サンフランシスコ平和条約第三条に基づき、南西諸島の一部としてアメリカが施政権を現実に行使した地域であり、一九七二年の沖縄返還の際に返還を受けた区域に明示的に含まれたのである（沖縄返還協定の合意議事録において返還区域を緯度経度で明示）。ちなみに、一九五三年一月八日付「人民日報」記事「琉球諸島における人々のアメリカ占領反対の戦い」には、琉球諸島が尖閣諸島を含む七組の島嶼からなる旨の記載がある。

（3）尖閣諸島問題の本質

「棚上げ」をめぐる対立

中国政府は、「釣魚島」の主権帰属問題で中日間に係争があるのは客観的事実であり、外交交渉を通じて解決をはかるべきだと主張してきた。

これに対し、日本政府の立場は、解決すべき領有権の問題は存在せず、政府が「中国側との間で尖閣諸島について『棚上げ』や『現状維持』について合意したという事実はない」と明言している（二〇一〇年一〇月一八日に国会に提出された質問主意書第六九号への回答）。

公開されている二つの重要な会談記録を見てみよう。

まず、一九七二年九月二七日の日中首脳会談では、田中角栄首相から切り出し、周恩来首相との間で次の通りのやり取りがなされている。

（田中首相）：尖閣諸島についてどう思うか？　私のところに、いろいろ言ってくる人がいる。

（周恩来首相）：尖閣諸島問題については、今回は話したくない。今、これを話すのはよくない。石油が出るから、これが問題になった。石油が出なければ、台湾もアメリカも問題にしない。

一九七八年一〇月二五日の鄧小平来日の際の福田首相との会談では、鄧小平より問題提起している。

（鄧小平副首相）：（思い出したような素振りで……）もう一点言っておきたいことがある。両国間には色々な問題がある。例えば中国では釣魚台、日本では尖閣諸島と呼んでいる問題がある。こういうことは今回のような会談の席上に持ち出さなくてもよい問題である。園田外務大臣にも北京で述べたが、われわれの世代では知恵が足りなくて解決できないかもしれないが、次の世代は、われわれよりももっと知恵があり、この問題を解決できるだろう。この問題は大局から見ることが必要だ（福田首相より応答はなし）。

これらの記録を読めば「棚上げ」について合意したという事実がなかったことは明らかというのが日本政府の立場である（注4）。

福田首相の「泰然自若」

尖閣諸島に対する中国の領有権の主張に根拠がなく、日本固有の領土であることが歴史的にも国際法上も疑いがないなら、七二年或いは、遅くとも七八年当時、日本政府はなぜその立場を明確にし、中国側との間で一定の了解に達すべく努力しなかったのであろうか。

七二年当時の両国を取り巻く国際情勢に鑑みれば、国交正常化が優先される必要があったのはその通りであろう。しかし、七八年当時、国力も国際環境も日本にとって有利であったにも拘らず、鄧小平が「次の世代は、われわれよりももっと知恵があり、この問題を解決できるだろう」と述べた時に、なぜ福田赳夫首相は何も言わなかったのだろうか。

当時、自民党総務会では、「領土問題をうやむやにして棚上げを図るのはよくない。とにかく一刻も早くまずこれを解決しろ」、「領土問題を解決しない限り、日中平和友好条約を結んではならん」との声が高まり、三月には魚釣島での仮設ヘリポート建設などを決議している。そして、その直後の四月、中国の漁船一〇〇隻以上が突然尖閣諸島に大挙して押し寄せて日本領海内に侵入し、海上保安庁の巡視船による退去警告を無視して一週間以上にわたって違法操業や徘徊停留を続ける事件が起きた。

これに関し、当時の園田直外相は、その後に訪中して、鄧小平国家副主席と会談し、その結果を国会で次のように報告している。

「……これ（尖閣諸島）をうかつに持ち出すことによって、いまの状態からさらに国益を損ずるおそれがある。……与党の皆様方の強い御意見でありますから、私は薄氷を踏む思いでこれを発言をいたしました。……私が一番最後に、尖閣列島の問題に対する日本の立場を述べ、先般のような偶発事件があっては困る、このようなことがないようにと要請したのに対し、……『あれは偶発事件である、漁師は魚を追うていくとつい先が見えなくなる』、……『今後はこういうことはない』、こういう発言をされたのが事実であります。……これに対する解釈を言うのか言わぬのか、どちらが国益か、私は言わない方が国益であると思いますから、事実だけを御報告をいたします」（一九七八年九月二九日参議院本会議）

こうした答弁には、日本が有効に支配している領土について、中国側は取り上げないという七二年当時の状況に変化がない以上、日本側からこの問題を取り上げて中国側に迫るのは外交上得策ではないとの日本政府の立場が示されている。ヘリポート建設など新たな措置を取ることについても、日本側から「おれのものだ、文句はないだろうというようなことをすることが果たして外交上いいことであるかどうか」(同上本会議での園田大臣答弁)と述べて、中国側が取り上げざるを得ないような状況を日本側から作り出すべきではないとの考えが示された。

鄧小平と園田の会談後に、漁船事件は「決着済み」と述べた当時の福田赳夫首相は、遡れば、一九七二年九月の田中角栄政権の下での日中国交正常化前に、佐藤栄作政権の下で外務大臣を務めており、同年四月六日の参議院予算委員会でこう答弁している。

「尖閣列島の領有権の帰属、これはわが国にある。これはもう一点の疑いもない。……ところが、第三国からいろいろ意見がある。そういう状態に対しまして、わが国がこれに一々応酬する、こういうことになると、何かこちらに落ち度でもあって、陳弁でもするような印象にもなりかねない。私はこの際はいもう、一点の疑義もないこの問題でありますので、泰然自若というか、われに確信あり、こういう態度で終始するということのほうがむしろいいのじゃないか」

日本は尖閣諸島を有効に支配し、領有権の歴史的・国際法的根拠も有しているのだから騒ぐ必要はない。中国や台湾の主張に一々反応しているとかえって問題が大きくなる。「泰然自若」としているのが国益に資する。そんな姿勢で日中平和友好条約締結にも臨んだであろう福田首相は、鄧小平の発言にも沈黙を守った。「泰然自若」は、(竹島や北方領土と違い)有利な立場にある日本の外交戦術として説得力があるように聞こえる。

日本の「常識」と世界の「常識」

しかし、その後、「泰然自若」が許されない既成事実が積み上げられてきた。一九九二年二月、中国は「領海法」(「中華人民共和国領海及び接続水域法」)を制定し、その中で「釣魚島」を中国の領土として規定した。それは天皇皇后両陛下が訪中される年の出来事であった。その後、海洋強国を目指す中国の海洋進出は次第に顕著になり、二〇〇八年からは尖閣諸島への公船派遣も行われ、二〇一二年の日本政府の「国有化」後は、尖閣諸島周辺での「示威行動」が常態化した。園田外相が述べた「中国の配慮(一九七八年四月二八日衆議院外務委員会)」は消えた。「棚上げ」論は提案した中国自身によって破棄された形となり、棚上げ合意があったかどうかを論じる実際的意味はなくなった。また、領有権(あるいは領土)問題の不存在という日本政府の立場を弱めようとする中国の現場での「示威行動」によって、事実上、尖閣諸島は日中間の「領土問題」として世界に受け止められることになってしまった。海外メディアは、「紛争（dispute）」の言葉を使い、「Senkaku」と中国名の「Diaoyu」を並べて報じる（注5）。

「国有化」をめぐる日中の対立は大きく報じられた。筆者（当時、在シドニー総領事）は豪州のメディアや国民の正しい理解を促すため豪州有力紙に寄稿した。これに対し、中国総領事が反論し、結局、筆者の寄稿が三回、中国総領事の寄稿が二回掲載された。果たして豪州の人々は日本を支持してくれたであろうか。日本で常識であったり、正しいと思っていたりすることが世界ではそうでないことは少なくない。それを日本の「常識」に近づける努力が日本の国益に資する外交だ。しかし、それは容易ではない。外国との最前線に立つ外交官はそのことを痛感しつつ、汗を流す。

尖閣諸島の「有効支配」と「国有化」

尖閣諸島は沖縄県石垣市に属し、民有地である久場島を除けば、すべて国有地であり、久場島についても土地所有者による固定資産税の納付がなされている。しかし、かつて鰹節の製造などで最盛期には二〇〇人以上が居住していた尖閣諸島は現在無人島である。多数のロシア人が定住し、軍の施設もある北方領土や、韓国の武装警察が常駐し、ヘリポートや船舶接岸施設も整備されている竹島と比べると、尖閣諸島に対する日本の有効支配の基盤は脆弱に見える。中国公船の尖閣諸島周辺での領海侵犯が日常化すると、日本政府による「有効支配」は海上保安庁の海上警備活動に大きく依存することになった。尖閣諸島に施設を建設したり、人員を常駐させたりしても、周辺の領海の守りが強化されなければ、「有効支配」の強化にはつながらず、中国を刺激するだけに終わる。

しかし、石原東京都知事は、港湾施設などを整備して日本の「有効支配」を確たるものにする必要があると考えて、その購入に動いた。中国は警戒し、反発した。当時の野田政権は、「都が買って好き放題されるよりも、国がしっかり安定的に維持・管理する方が穏当ではないか」(長島昭久元首相補佐官、二〇一五年七月九日、本邦各紙)と考え、中国側にもその旨説明し、尖閣諸島の魚釣島、北小島及び南小島の三島(以下「尖閣三島」という)を二〇億五〇〇〇万円で取得し、保有することを決断する。政府の正式の説明では、「尖閣三島を取得し、保有することとした目的は、引き続き、尖閣諸島における航行安全業務を適切に実施しつつ、尖閣諸島の長期にわたる平穏かつ安定的な維持及び管理を図るため」とされた(二〇一二年九月一四日に衆議院に提出された「衆議院議員浅野貴博君提出政府による尖閣諸島の国有化に関する質問に対する答弁書」)。

後に野田元首相はこう述べている。「中国をいまだに支那と呼ぶ対中強硬派の石原氏の下で、島が都有地になれば日中関係が険悪になると判断したからです。わが国固有の領土である尖閣諸島を、いかに長期的に平穏かつ安定的に管理するかが、私の問題意識の根底にありました」。そして、「(石原氏は)島の現状変更を契機に、日中両国が軍事衝突をしても構わないという立場だった。……自衛隊の最高指揮官として看過できない発言もありました」とも述懐している(二〇一七年九月一一日、Livedoor ニュース)。

野田政権には、「国有化」が日中関係の大局に立った措置であり、かつ単なる登記の変更に過ぎないことから、事前説明をすれば中国側が問題にすることはないだろうとの判断があった。「国有化」直後、政府は「尖閣三島の取得については、我が国の土地の所有権の移転であり、他の国や地域との間で何ら問題を惹起すべきものではないと考えている」と説明している(同上答弁書)。

しかし、二〇一二年九月九日のAPEC首脳会議で野田首相と立ち話をした胡錦濤国家主席は、「中国は(日本が)島を購入することに断固反対する。……日本は事態の重大さを十分に認識し、まちがった決定を絶対にしないようにしなければならない。中国と同じように日中関係の発展を守るという大局に立たねばならない」と述べて、「国有化」への動きに強く釘を刺した。ところが、その翌日、野田政権は「国有化」を決定し、一一日には閣議決定する。胡錦濤国家主席は面目をつぶされた形となった。五年に一度の党大会での新指導部の選出を控えて政治的に微妙な時期でもあった。満州事変の発端となった柳条湖事件（9月18日）の直前でもあった。なぜこのタイミングなのか、外交的観点からは首をかしげざるを得ない。中国は激しく反発した。国内の反日ナショナリズムに火が付き、軍や強硬派が発言力を増した。その後、中国公船の尖閣諸島周辺海域領海への侵入が常態化することになる。

現在、尖閣諸島の「有効支配」は、毎日のように中国船が押し寄せる中で、海上保安庁の巡視船と海上保安官が体を張って警備に当たることで維持されている。

安倍首相は海上保安学校の卒業式で海上保安官が二四時間三六五日体制で警戒監視に当たっていることを称えて、「領海侵犯船との距離は、わずか二〇メートル。それでも、巡視船『いしがき』は、迷うことなく、領海侵犯船と日本漁船の間に割って入った。高度な操船技術を駆使して、領海侵犯行為に毅然と立ち向かい、日本漁船を守り抜きました」と述べている（二〇一六年三月一九日）。

海上保安庁の尖閣周辺海域を含む警備体制は強化されてきているが、人員の確保や訓練が現場の変化に追いつかなければ、尖閣諸島を「有効に支配している」との前提も揺らぐ。

（4）尖閣諸島と日本の国益

アメリカの立場と日米安全保障条約

アメリカはいかなる領有権の主張に対しても特定の立場を取らないとの立場であり、尖閣諸島をめぐる領有権についても、一九七二年以来、その立場を明らかにしてこなかった。既述の米議会報告書でも、「少なくともニクソン政権まで遡る米政府は、アメリカが領土紛争にはいかなる立場も採らないことを表明してきた」と記している。つまり、アメリカの歴代政権は、ニクソン政権が沖縄返還に際して「返還するのは沖縄の施政権だけであって、アメリカは尖閣諸島の領有権とはいかなる関係もない」と宣言した立場を引き継いできている（注6）。

二〇一三年六月の米中首脳会談後の共同記者会見の場で、オバマ大統領は「尖閣諸島の領有権に関して、アメリカは（領有権紛争当事者の）どちらの側にも立たない」と述べた。こうした姿勢について、アメリカはニクソン政権以来変わっていないと説明してきている。

しかし、尖閣諸島は、第二次世界大戦後、サンフランシスコ平和条約第三条に基づき、南西諸島の一部としてアメリカの施政下に置かれ、一九七二年発効の沖縄返還協定（「琉球諸島及び大東諸島に関する日本国とアメリカ合衆国との間の協定」）によって日本に施政権が返還されたことから、その当事者であったアメリカが尖閣諸島の帰属について立場を明らかにしないというのは同盟国として納得できるものではない。サンフランシスコ講和会議におけるダレス米代表の発言及び一九五七年の岸信介首相とアイゼンハワー大統領との共同コミュニケにおいても明示されているとおり、米政府は日本が南西諸島に対して残存する（または潜在的な）主権を有することを認めていた。

「主権については特定の立場は採らない」とのニクソン政権の方針の背後に何があったのであろうか。いくつかの仮説が報じられてきた。中国との国交正常化を進めていたニクソン政権が中国との関係に配慮した説、尖閣諸島の日本への返還に反対していた台湾に配慮したとの見解、日中接近に楔《くさび》を打ち込む説などである。しかし、これらの仮説は、以下で指摘するキッシンジャーの「手書きのメモ」に鑑みれば、的を射たものではない。むしろ、複雑な背景を持つ領有権問題に巻き込まれることを避けることで外交の自由度を保持しようとの考慮や領有権問題一般に対するアメリカの立場の一貫性への拘りによるところが大きいと思われる。

いずれにせよ、こうしたニクソン政権の姿勢について、当時の福田赳夫外相は国会（一九七二年四月六日の参議院予算委員会）で次のように不満を表明している。

「……アメリカはサンフランシスコ条約の関係から見ましても、今度の沖縄返還協定のたてまえ、沖縄返還協定では、緯度、経度を示しまして、その中に尖閣列島がちゃんと入っておる。しかも、返還したその島の上にはアメリカの軍事施設（注）があるのです。……ですから、私どもの立場から見ますと、尖閣列島の領有権、これはもうわが国に当然あることをアメリカが法的に認めておる、こういうふうに解釈し、一点の疑いも持っておりません。おそらくアメリカも腹の中ではそう思っておるに違いない、……しかし、そこを、将来紛争があればこれは両当事者間で解決せらるべき問題であるという、なまはんかな返事をしておる。……はなはだこれは不満とするところであります。正式に、そういう事態がありますれば、アメリカに対しまして重要な注意の喚起、警告をいたしたい、抗議もいたしたい」（久場島と大正島には米軍の射爆撃場がある）。

福田の不満は当然である。米政府の立場は、当時のアメリカ外交の中心にいたキッシンジャーにとっても理解し難いものであった。

沖縄返還前の一九七一年四月一三日、国家安全保障会議（ＮＳＣ）のスタッフからキッシンジャー大統領補佐官に提出された文書（NSC Files Box521, Country Files, Far East, China, Vol.VI. Confidential）がある。そこには、在米中国大使館の口上書（尖閣諸島の領有権を主張する中国の立場を明記）の要旨の後に、コメントがタイプ打ちされている。その一節に、「一九四五年に琉球と尖閣諸島を占領し、一九七二年にそれらを日本に返還すると申し出ているアメリカの立場は、それらの一部をめぐって対立するいかなる主張についても、直接当事者同士により解決されるべきで、アメリカは判断を下さないというものである」とある。

公開されているこの文書の片隅にはキッシンジャーの手書きのメモが次の通り記されている。「しかし、日本に尖閣諸島を与える以上、それはナンセンスである。どうやってより中立的な立場を確保することができるというのか」。キッシンジャーの素朴な疑問が示された貴重なメモである。

その一方で、アメリカは、一九七二年の沖縄返還の一環として返還された尖閣諸島が日本政府の施政の下にあり、日米安保条約第五条（「各締約国は、日本国の施政の下にある領域における、いずれか一方に対する武力攻撃が、自国の平和及び安全を危うくするものであることを認め、自国の憲法上の規定及び手続きに従って共通の危険に対処するように行動することを宣言する」）が適用されることを明言してきた。

日本側も、「アメリカ政府は、以前から尖閣諸島の領有権について特定の立場は取らないが、尖閣諸島は日本の施政の下にあり、日米安保条約第五条の適用範囲であるという立場を取っております」と述べている通り（二〇一三年六月一八日参議院外交防衛委員会での岸田文雄外務大臣の答弁)、米側との間で日米安保条約の適用を確認してきている。トランプ政権下では、マティス国防長官が「尖閣諸島は日本の施政の下にある領域であり、安保条約5条の適用範囲だ」と明言し、「アメリカは、尖閣に対する日本の施政を損なおうとするいかなる一方的な行動にも反対する」と表明している(二〇一七年二月四日付、朝日新聞)。

日本としては、尖閣諸島の有効支配を揺るがせることなく、冷静かつ毅然とした対応を堅持していくと同時に、日米安保条約が尖閣諸島にも適用されることを随時アメリカとの間で確認し、対外的にも明らかにしていくことが重要である。

緊張緩和と危機管理メカニズム

中国が派遣する公船の数は増え、船体も大きくなり、装備した武器も強力になっている。海上保安庁と海上自衛隊の間の役割分担は明確にされているが、中国海警は人民解放軍に次ぐ「第二の軍」として法執行活動から武力行使に至るまで関与する。

そんな中国海警はいかなる指揮命令系統で動いているのか、中央の指示と現場の自由裁量の関係はどうなっているのか、不透明な点が多々あり、懸念は拭えない。二〇一〇年九月の尖閣諸島領海内での中国漁船による海上保安庁巡視船への衝突事件では、日本の公船が中国の漁船に体当たりしたかのような報道が中国でなされた。現場での蛮勇的行動を正当化する報道が排外的なナショナリズムに火を付ければ、現場のみならず国家関係も緊張する。

海上保安庁の予算や人員を強化し、尖閣諸島の「有効支配」と周辺秩序の維持に万全を期すことが不可欠であるが、同時に、この問題が日中関係全体を損なわないよう中国側との対話に努めることも求められる。

その前提として、中国公船の活動が減少し、その間、現場での不測の事態や衝突を回避すべく意思疎通を図っていくことが最低限必要である。

そうした最低限の共通認識が、二〇一四年一一月七日の「日中関係の改善に向けた話し合い」によってまとまった「四つの合意」の中にある第三点である。すなわち、「双方は、尖閣諸島等東シナ海の海域において近年緊張状態が生じていることについて異なる見解を有していると認識し、対話と協議を通じて、情勢の悪化を防ぐとともに、危機管理メカニズムを構築し、不測の事態の発生を回避することで意見の一致をみた」

二〇一八年五月には、日中韓首脳会議が開催され、李克強首相による七年ぶりの中国首相の訪日が実現した。そして、日中首脳会談において、危機管理メカニズムの立ち上げと運用開始に正式合意した。話し合いを始めて一〇年、ようやくにして、両国の艦船・航空機が接近した際に国際基準に基づき連絡を取り合うルールを定めた防衛当局間の相互通報体制「海空連絡メカニズム」が始動した。

今後も、尖閣諸島領海への中国艦船の侵入は続くだろう。同メカニズムは、日本の防衛省と中国の国防部との間の連絡メカニズムであり、軍以外の公船には影響が及ばないこと、及び尖閣諸島の扱いをめぐる対立により地理的適用範囲を定めていないことから、実際の危機管理にどの程度役立つか、疑問は拭えない。こうしたメカニズムを実効性あるものとするためにも、その上部構造たる国家関係を最低限のルールの下に置く必要がある。それは、両国が国家の安全という死活的国益を互いに尊重し合うことである。そして、対立する国益ばかりにとらわれずに、共有できる国益を増進するための協力を模索する外交に努めることである。

3　南シナ海問題と「法の支配」

(1) 領有権をめぐる周辺諸国の争い

問題の所在

南シナ海は、世界有数の海上交通の要衝であり、漁業資源に恵まれ、豊かな海底石油・ガス資源の存在が有望視される海域でもある。西沙諸島と南沙諸島を中心に二五〇以上の島、岩、砂洲、環礁が存在するが、その多くはそのままでは満潮時に水没するか、あるいは、低潮時でも水面下にあり、国連海洋法条約に言う「人間が持続的に居住できる島」ではなく、排他的経済水域や大陸棚を持つこともない。

中国、台湾、ベトナム、フィリピン、マレーシア、ブルネイは、これらの地形の全部または一部に対して、領有権を主張し、対立してきた。中国とベトナムやフィリピンとの間では軍事衝突も起きた。

中国は「九段線」なる独自の主張により南シナ海のほぼ全域を自国の主権が及ぶ海域と位置づけるが、ハーグ常設仲裁裁判所はこうした中国の主張を退ける裁定を下した。しかし、中国は裁定を拒絶し、西沙諸島や南沙諸島などで埋め立てや人工島建設を推し進め、ミサイル配備など軍事化にも動いた。これに対し、アメリカは中国の人工島周辺海域に海軍艦船を航行させる「航行の自由作戦」を展開する。南シナ海は米中間の力のせめぎ合いを映し出す最前線となった。

日本は領有権を主張する当事者ではないが、南シナ海は中東からの石油の輸入を始めとする海上貿易の重要なシーレーンであり、航行の自由と安全が失われれば、国家・国民の生存と繁栄という国益は危殆に瀕する。また、南シナ海問題は「法の支配」に基づく国際秩序の維持・擁護という日本の国益にも関係する。国際秩序を塗り変える力を持ち始めた中国に国際法や仲裁裁判の遵守を促すべく、アメリカや価値を共有する諸国との連携を強化する必要がある。

中国の「九段線」と仲裁裁判での全面敗北

二〇〇九年五月、中国は、ベトナムとマレーシアが共同で提出した大陸棚延長申請が中国の南シナ海における主権・主権的権利・管轄権を侵害するとして、申請を検討しないよう求める口上書を国連事務総長に提出した。その中で、中国は、南シナ海及び隣接する海域の島嶼に対する争いの余地のない主権を有し、関係する海域と海底及びその下層部に対する主権的権利と管轄権を有していることを主張した。そして、口上書には、南シナ海の約二〇〇万平方キロメートルの海洋空間を取り囲む「九段線（nine dash line）」が引かれた地図が添付されていた。

そもそも、九段線は、日本降伏後の一九四七年に南シナ海の領有権を主張した中華民国が「一一段線」を示す地図を公表したのに由来する。サンフランシスコ平和条約が署名された一九五一年、中華人民共和国とベトナムは南シナ海の島嶼への主権を主張し始める。一九五三年、中華人民共和国は一一段線からトンキン湾に引かれた二本を削除し、九本の段線からなる地図を発表した（図4－4）。北ベトナムとの関係に配慮したと思われるが、この「九段線」がその後の中国の地図に定着し、今日に至っている。しかし、九段線の正確な地理的位置を公式に示す地図は公表されておらず、地図によって、その位置が異なったり、一〇本記載されていたり、統一されていない。

二〇一三年一月、フィリピンは、南シナ海をめぐる中国との間の紛争に関し、政治的・外交的解決努力を尽くしたとして、国連海洋法条約（UNCLOS）に基づく仲裁手続きを開始し、中国側にその旨通告した上で、二〇一四年三月、フィリピンの主張を文書（申述書）でハーグの常設仲裁裁判所に提出した。これに対し、中国側は、仲裁手続きを一貫して拒否し、関係国の交渉により解決すべきと主張した。

二〇一六年七月一二日、ハーグ常設仲裁裁判所は、「九段線」には国際法上の根拠がないことや中国の建設した人工島が排他的経済水域や大陸棚を持たないことなど、中国の主張をほぼ全面的に退ける裁定を下した。中国政府は、すぐさま「南シナ海の領土主権と海洋権益に関する声明」を発表して、「仲裁法廷の裁定は無効で拘束力はなく、受け入れられない」と強く反発した。

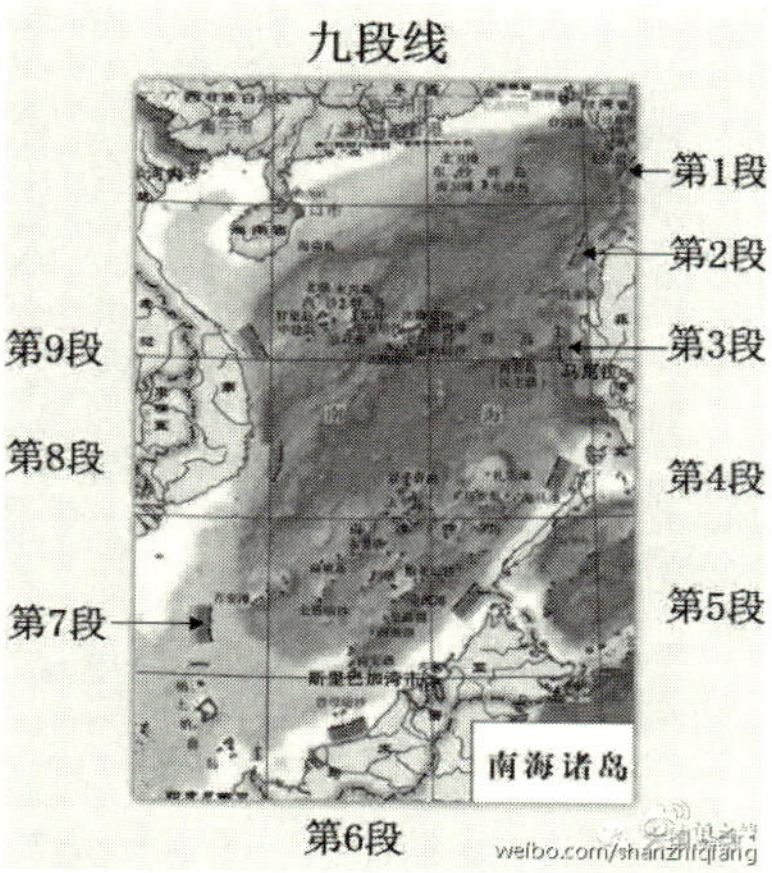

図４－４　中国の九段線を示した地図（sina 新浪博客　2016 年 7 月 15 日）

しかし、義務的紛争解決規定は国連海洋法条約を構成する不可欠な要素の一つであり、国連海洋法条約附属書Ⅶの九条によって、締約国には仲裁裁判への不参加は認められるが、仲裁手続きと仲裁判断を拒否することは認められない。また、すべての国連海洋法条約締約国にはこの紛争解決条項に従う義務があり、仲裁判断には法的拘束力がある。裁定発表後、岸田外務大臣は、「仲裁判断は最終的であり、紛争当事国を法的に拘束するので、当事国は今回の仲裁判断に従う必要」があるとの談話を発出した。

仲裁裁判の裁定では、「九段線」によって囲まれる南シナ海の海域に関する歴史的権利、その他の主権や管轄権に関する中国の主張は国連海洋法条約に反する（「are contrary to the Convention」）とされた。そもそも中国が国連海洋法条約を批准した時点で、国連海洋法条約が課した制限を超える如何なる権利も国連海洋法条約によって認められる権利に取って代わられたというのが仲裁裁判の結論である。

国連海洋法条約は、「歴史的水域」や「歴史的権利・権原」といった概念を海洋に対する管轄権の根拠として認めていない。また、慣習法においても、そうした概念が認められるためには、第一に、公然かつ一般に周知された実効的な権限行使が継続してなされていること、第二に、そうした権限行使が諸外国に周知されていること、が必要である。しかし、中国が主張する「歴史的権利」において、これら二つの条件を確認することは困難である。航海や漁業といった歴史的事実はこうした条件に該当しないし、中国政府が（無害通航ではない）航行や飛行の自由を認めてきたことは南シナ海が中国の領海や内水でないことも意味した。

いずれにせよ、海洋境界線は国家の一方的宣言によって画定するものではなく、関係する諸国間の交渉によって画定されるものである。そして、その際、中国が歴史的要因を主張したとしても、既に指摘した通り、それは条件を満たすものではないし、仮にそれが条件を満たしたとしても、関係国の排他的経済水域（ＥＥＺ）が重なり合う半閉鎖海域である南シナ海において歴史的要因を適用することは国連海洋法条約の規定上難しい。したがって、中国の「九段線」は国際法上認められる海洋境界線とはなり得ないのである。

図４－５　南シナ海における関係国の対立と衝突

南シナ海における関係国の対立と衝突

南シナ海における主要な対立と紛争は三つの海域で起きている（図４－５）。

①パラセル諸島（西沙諸島：中・台・越が当事国であり、中国が実効支配）

②スカボロー礁（中国名「黄岩島」

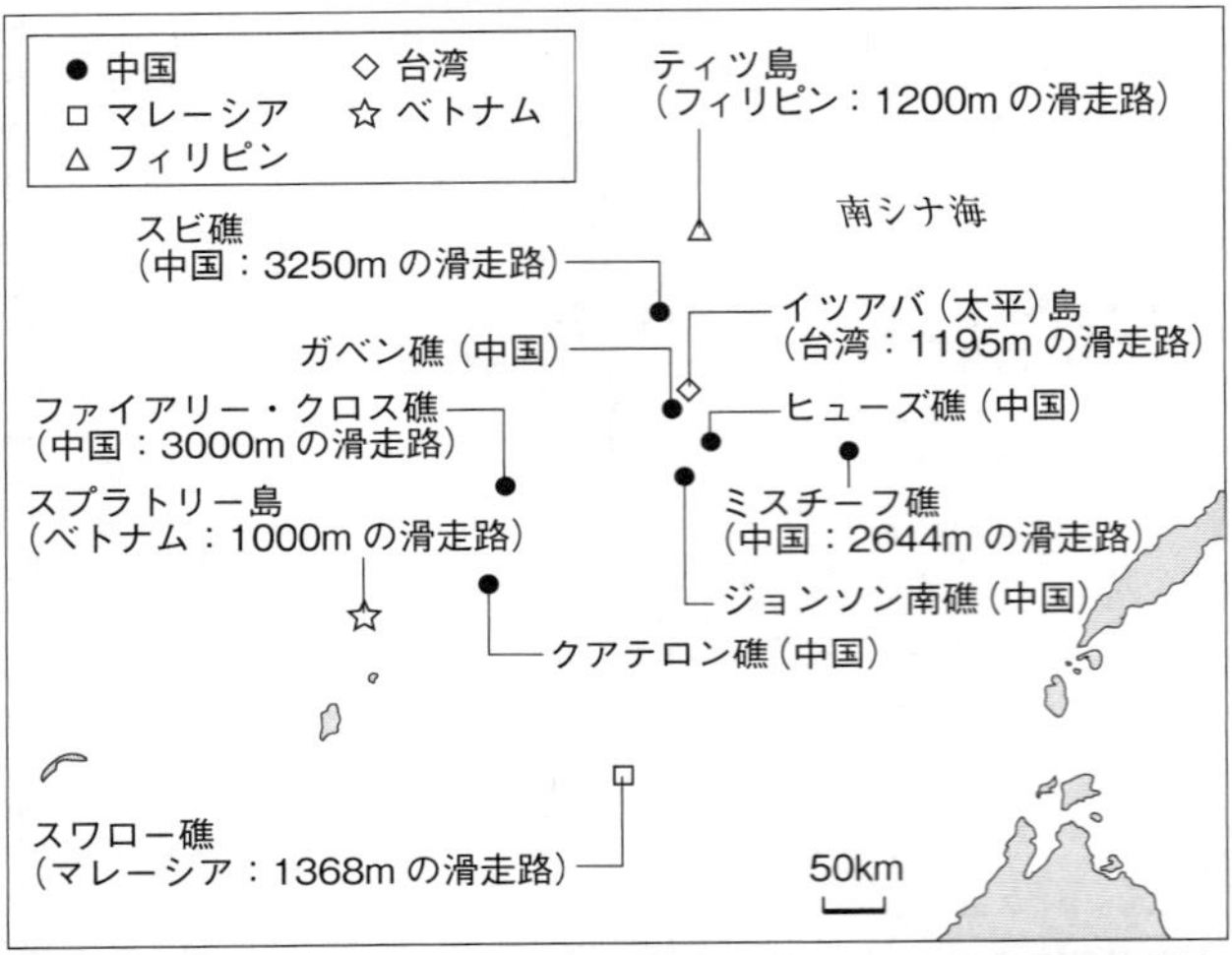

図4－6　スプラトリー諸島(南沙諸島)における関係国の主張と現状(主要な地形のみ)

と言われ、中沙諸島の中で満潮時も海面上にある唯一の岩礁で、中・台・比が当事国であり、中国が実効支配)

③スプラトリー諸島(南沙諸島：中・台・越が一〇〇以上の地形すべてに対し、ブルネイ・マレーシア・比がその一部に対し、それぞれ主権を主張しており、ベトナムが二二ヵ所、フィリピンが八ヵ所、中国が七ヵ所、マレーシアが五ヵ所、台湾が一ヵ所を実効支配、図4－6)

なお、インドネシアは南シナ海の南西端に位置するナトゥナ諸島を起点とする排他的経済水域が一部重なる「九段線」を認めておらず、同海域で「違法操業」する中国漁船を検挙するなど、中国と対立している。

最も激しく対立するのは中国とベトナムである。ベトナムは一七世紀以降の統治の実績を文献によって主張し、中国が一九四〇年代まで主権を主張してこなかったと非難する。一九七四年の軍事衝突ではベトナム側に七〇名以上の死者を出して中国がパラセル（西沙）諸島を占拠した。一九八八年にはスプラトリー（南沙）諸島で衝突し、中国がベトナム側に六〇名の死者を含む大きな被害を与えて一部岩礁を勢力下においた。二〇一二年には、中国がベトナムの探査活動を妨害し、ベトナムで反中デモが起きた。二〇一四年、中国はパラセル諸島沖に掘削機を持ち込み、中越間で船舶の衝突が起きた。

緊張は中比間でも高まった。二〇一二年には、フィリピンの排他的経済水域内にあるスカボロー礁付近で中国の海洋監視船とフィリピンのフリゲート艦が対峙する事件が発生し、中国が実効支配に動くと、既に論じた通り、二〇一三年にフィリピンはハーグ常設仲裁裁判所に提起した。

二〇一五年、中国が南沙諸島で埋め立てや滑走路建設を進めていることが判明し、アメリカは人工島の一二海里内に艦船を派遣する「航行の自由作戦」を開始した。二〇一六年七月の仲裁裁判の裁定で中国は全面敗北したが、裁定を「紙くず」と呼んで、受け入れない立場を鮮明にし、ウッディー島に地対空ミサイルと対艦巡航ミサイルを配備するなど、

「軍事化」を推し進めた。

米中間で揺れるASEAN

大国は、力による国益実現に適する二国間交渉を好む。中国もアメリカなどの「介入」や国際裁判を排除した二国間での交渉による解決を目指してきた。これに対し、ベトナム、フィリピンなどはASEANが結束して中国と交渉する態勢作りを模索するが、中国はカンボジアやラオスを味方につけてASEANの分断を図る。

仲裁裁判裁定によって中国への国際圧力は高まった。しかし、中国はその経済力を外交カードとして使って関係国への働きかけを強め、形勢を挽回する。オバマ政権がアジア太平洋への「リバランシング（再均衡）」の成果として挙げた「フィリピンとの強化された条約同盟」と「マレーシアとの深まるパートナーシップ」も中国の激しい巻き返しによって急速に色褪せた。特に、ドゥテルテ大統領は仲裁裁判に訴えたアキノ前政権の外交政策を劇的に転換させ、麻薬撲滅戦争を人権侵害と非難するアメリカに背を向け、対中融和に動いた。訪問した中国で、「アメリカ離脱」を宣言し、仲裁裁判の裁定を棚上げする形で、二国間対話による解決に同意した。中国はフィリピンへの巨額の経済援助を約束した。その二週間後にはマレーシアの首相も北京を訪問し、二国間交渉による解決に同意し、中国から巨額の経済協力を引き出した。

経済利益か「法の支配」か、それとも領土・主権が生み出すナショナリズムか、いずれが国家・国民を突き動かすか、南シナ海をめぐる外交戦は米中関係や各国の内政も絡む複雑で流動的な様相を呈している。ＡＳＥＡＮ諸国はその渦の中にいる。

ＡＳＥＡＮ諸国は、領有権を主張する当事国と非当事国、アメリカとの同盟や安全保障協力関係を持つ国と親中的な国に分かれる。各国の対中姿勢は多様で、南シナ海問題への対応でコンセンサスを形成することは容易ではない。その一つの例が二〇〇二年に合意された中・ＡＳＥＡＮ間の「行動宣言」である。それは、すべての関係国に対し、「行動宣言」を実施するため行動し、拘束力のある「行動規範」の早期制定に向けて措置を取ることを促している。しかし、「行動規範」の策定は、中国が法的拘束力のある多国間取り決めを結ぶことに消極的であり、ＡＳＥＡＮ内の足並みも整わないために難航してきた。

東アジアにおける中国へのパワー・シフトが進む中で、中国のＡＳＥＡＮ諸国への影響力は着実に高まっている。米中、そして日中の狭間に置かれた中小国には国益をかけた外交のバランス感覚が求められるが、その余地は次第に狭まっている。

(2) 中国の「サラミ戦術」とアメリカの「航行の自由作戦」

「サラミ戦術」と人工島化・軍事化

南シナ海における中国のプレゼンスの増大は力の空白を埋める形で進んできた。日本の軍事プレゼンスが敗戦によって失われ、植民地に戻ってきたフランスもベトナムとの戦争に敗れて撤退すると、中国は西沙(パラセル)諸島の半分を占拠した。一九七三年に南ベトナムを支援していたアメリカがベトナム戦争から手を引くと、中国は翌七四年に南ベトナム軍を駆逐して、西沙諸島全島を占領した。一九八〇年代に、駐越ソ連軍が削減されると、中国は南沙諸島に進出し、一九八八年にはジョンソン南礁周辺海域の戦いでベトナム海軍に大損害を与えて、同礁のほか、ファイアリー・クロス礁(永暑礁)、クアテロン礁(華陽礁)、ヒューズ礁(東門礁)、ガベン礁(南薫礁)などを獲得した。

冷戦後はアメリカの同盟国フィリピンが揺れた。比上院の反対で使用延長が認められなかったスービック海軍基地から在比米軍が引き揚げると、一九九五年、フィリピンのパラワン島に近いミスチーフ環礁が中国軍に占拠され、その「人工島」化が進んだ。

その後も、中国は戦わずして南シナ海での勢力を拡大した。二〇一二年にスカボロー礁、二〇一三年にはルコニア礁を、フィリピンの領有権を無視する形で一方的に占拠して実効支配下に置いた。二〇一四年からは南沙諸島を始め実効支配している岩礁やサンゴ礁での人工島建設を開始した。

中国の南シナ海でのこうした行動は「サラミ戦術」と表現される。それは、サラミをスライスするように、利害関係国、就中《なかんずく》、アメリカの強い物理的反撃を招くようなレベルの措置は控え、その限度以下の措置を段階的に取ることによって、戦わずして現状変更とその既成事実化を図ることを意味する。こうした戦術の下で、二〇一五年一〇月までに前哨部隊へのアクセス改善のための航路の浚渫や埋め立てによる陸地の造成など主要な人工島造成は完了し、その後は滑走路や港湾などのインフラ建設が進められてきた。

中国の人工島の多くは珊瑚礁の上に施設や滑走路が造られており、土砂やコンクリートを使って相当な人工的変更が加えられた。たとえば、中国の他に、台湾及びベトナムが主権を主張するファイアリー・クロス礁は、埋め立てにより様相が一変した。この環礁は高潮位で約一メートルしか水面上に現れなかったが、埋め立てによって南沙諸島最大の人工島となった。陸上面積は二・七四平方キロメートルに広がり、戦略爆撃機も離着陸可能な三〇〇〇メートルの滑走路を持つ。その面積は南沙諸島の二〇の大きな地形を合わせたよりも広く、インド洋最大の米軍の拠点であるディエゴ・ガルシア海軍基地の二倍に当たる。

南シナ海に散在する岩や環礁などの地形の多くが水面下にあり、残りも低潮位の時には水面上に現れるが、高潮位の時は水面下に没する。高潮位の時も水面上にあるのは多くて二八の地形のみである。これらの地形を埋め立て、人工島化した中国の動きは仲裁裁判の裁定によって国際法上否認された。五〇〇ページを超える裁定において、中国の人工島一つ一つについて検討が加えられ、海洋法の最高権威の見解が示された。そのポイントは次の通りである。

第一に、人工島は「自然に形成された陸地」ではなく、領海やEEZや大陸棚が認められる「島」ではない（国連海洋法条約第六〇条第八項）。人工島化される前の自然状態の地形について国連海洋法条約の条文に沿った解釈がなされる必要がある。

第二に、自然状態でのスカボロー礁、クアテロン礁、ファイアリー・クロス礁、ジョンソン南礁、マッケナン礁、ガベン北礁は高潮位地形であるが、「人間の居住又は独自の経済的生活を維持することのできない岩」（国連海洋法条約第一二一条第三項）であり、排他的経済水域及び大陸棚を有さず、領海のみ有する。一方、ヒューズ礁、スビ礁、ミスチーフ礁、セカンド・トーマス礁は低潮位地形であり、領海も有しない。

この裁定は、中国の主張が国際法上の正当性を持たないことを明確にした。

「航行の自由作戦」

　日本では専門家も含め、南シナ海で米艦船が中国の人工島の周囲一二海里内を航行する「航行の自由作戦（freedom of navigation operation）」を中国の領有権主張を認めない意思を示すものと論じる向きが多いが、それは「航行の自由作戦」の本来の趣旨を理解していない。領有権問題については、アメリカはどの国の主張にも与《くみ》せず、対抗もしないとの立場を明確にしてきており、既に論じた通り、同盟国である日本の尖閣諸島についても日本の領有権を支持すると言ったことはない。

　アメリカの「航行の自由作戦」は、一九七九年以来、世界中で行われてきており、中国のみならず同盟国・友好国を含むその他の諸国に対しても行われてきている。その趣旨は、遠くはウィルソン大統領の「一四ヵ条平和構想」の第二条にある「公海航行の自由」に発しており、近年ではオバマ大統領が「国際法が認める如何なる所にも飛行し、航行し、活動する」と述べた通り、世界中で「航行の自由」を確保することがアメリカの国益であるとの認識に立っている。

　具体的には、度を越えた海洋権益の主張をしている国の海域や空域を対象に、米軍の艦船や航空機を派遣する作戦である。グローバルな海洋国家であり、世界の海に空母部隊を展開して世界の通商や平和の維持に努めてきたアメリカにとって、米軍のグローバル展開、すなわち航行・飛行の自由は絶対に守る必要があり、「航行の自由作戦」はその意思を対外的に示す行為である。近年は南シナ海での中国の一方的主張と行動が目立っているため、米政府は「航行の自由作戦」を意図的に公表してきたのである。これに対し、中国は重大な違法行為であり、意図的な挑発だとして強く反発してきた。

以上を踏まえて、南シナ海における「航行の自由作戦」のケースを取り上げてみよう。そこには、国際法に準拠した明確な対中メッセージが込められていることがわかる。

図4－7は、二〇一六年五月一〇日、米艦船が事前の通報なしに、かつ許可も求めずにファイアリー・クロス礁周辺三カイリ内を「無害通航」したことを示す。

中国は、中国領海を「無害通航」する際には沿岸国である中国に事前通報し、許可を求める必要があるとの立場である。しかし、それは国連海洋法条約の規定に反する。アメリカの「航行の自由作戦」は、ファイアリー・クロス礁が高潮位地形であり領海を有するとの前提で、中国の過剰な主張を認めないことを表明する法的行為であると言える。

図4－8は、図4－7と異なり、「無害通航」でない「航行の自由作戦」である。

図4－7の「航行の自由作戦」実施の二ヵ月後の七月、仲裁裁判の裁定が下され、ミスチーフ礁は低潮位地形であり、領海を持てないこととなった。図4－7のような無害通航

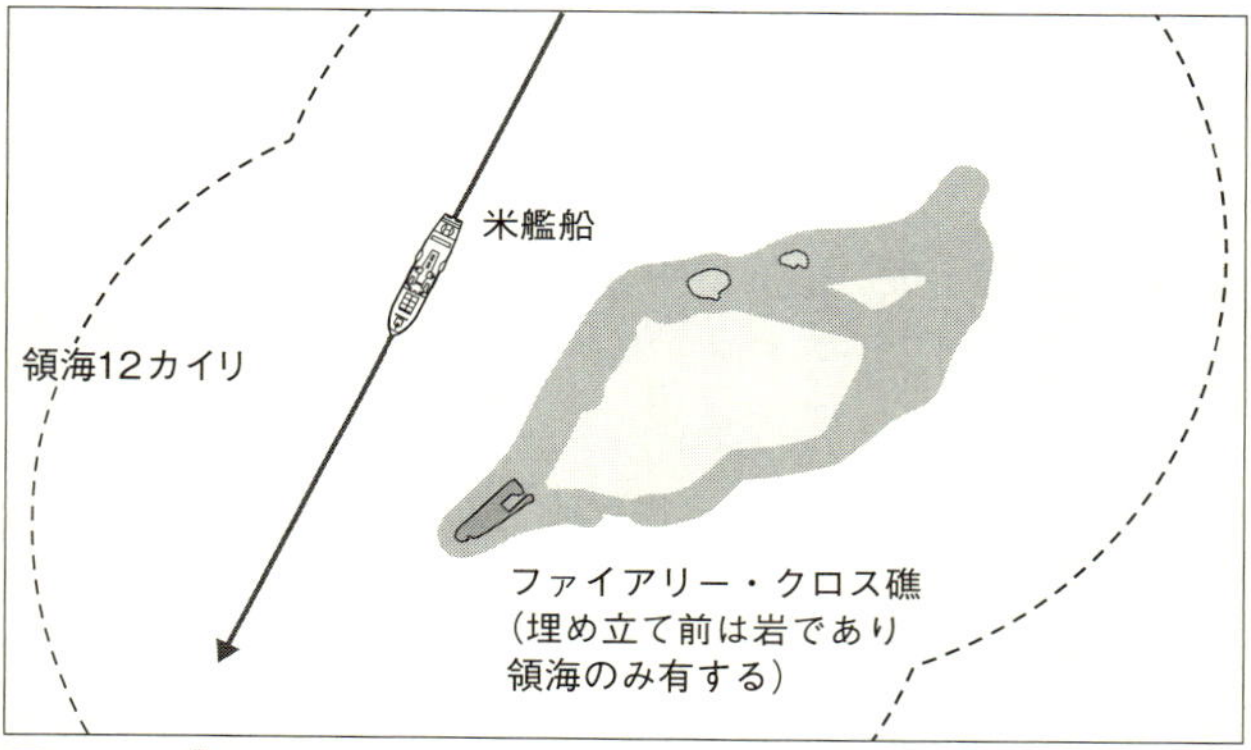

図４－７ 「無害通航」による「航行の自由作戦」

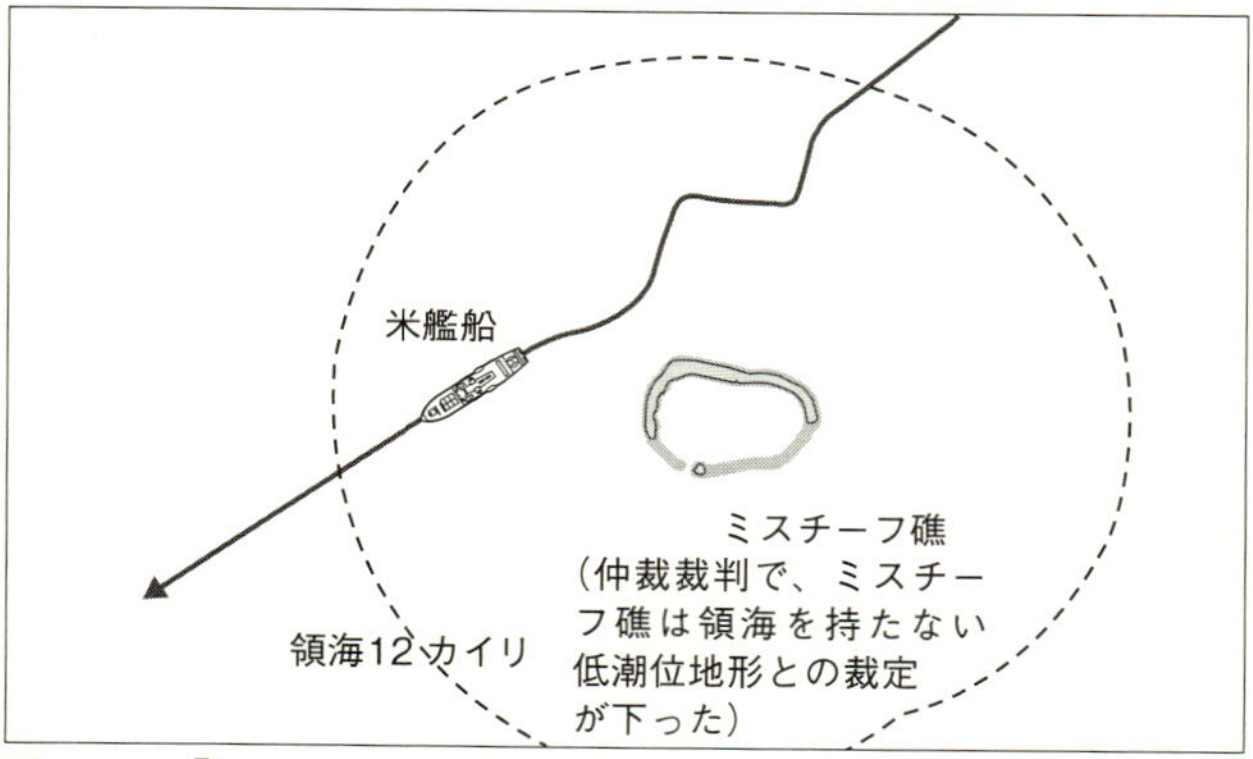

図４－８ 「無害通航」でない「航行の自由作戦」

を行えば、仲裁裁定を否定することになる。したがって、領海で認められる無害通航ではない航行をする必要がある。国連海洋法条約第一八条では、「無害通航」を「継続的かつ迅速に行わなければならない」と規定し、第一九条では、「兵器を用いる訓練又は演習」は無害ではないと規定している。米艦船は、この規定を踏まえて、図が示す通り、「無害通航」とは認められない「ジグザグ航行」を行うと同時に、「艦上での人員演習」も実施した。

アメリカは国連海洋法条約を批准していないが、国連海洋法条約に則った「航行の自由」を実践することでアメリカの行動の正当性を世界にアピールし、「法の支配」を受け入れるよう中国に求めているのである。

中国の相反する心理

仲裁裁判裁定は中国を怒りと恥辱の感情に突き落とした。ナショナリズムが燃え上がる中では指導者も政策担当者も理性的な反応を示すことが難しい。

外交部の職業外交官達は国際法に基づくこの裁定が「紙くず」に過ぎないと連呼した。中国共産党機関紙の人民日報(二〇一六年七月一一日)は、仲裁裁判について、「アメリカがアジア太平洋における自らの主導的地位を維持するために中国に仕掛けた『わな』であり、国際法を名目に中国のイメージに泥を塗り、中国と近隣諸国との関係に水を差すことが目標の一つだ」と批判した。仲裁裁判裁定で示された法的見解は一顧だにされなかった。国際派であるはずの戴秉国前国務委員でさえ、「近代以降、中国は西側列強にさんざん虐げられてきた。これは中国人の記憶に新しい」と反駁した。

中国は世界との相互依存を強める中で世界第二の経済大国となったが、依然として清朝末期の「不平等条約」という負の歴史や「和平演変(平和的体制転換)」への警戒感にとらわれ、人権や民主主義といった普遍的価値や西側概念の「法の支配」に対して拒否反応を示す。

日本が「法の支配」を掲げて裁定履行を求めると中国外交部は日本を名指しして「問題をあおりたてるべきではない」と反発し、日本の「介入」を非難する。

「近代の屈辱」という被害者意識や過剰な自信が入り交じるナショナリズムを背景に、ネットや軍部から発せられる強硬論は無視できない。

その一方で、国際化した現代国家となるべきだとの自覚や大国としての国際責任論も存在する。改革・開放後、就中、WTO加盟後、中国は国際法を含む現行国際システムから大きな恩恵を受けて経済大国となった。国際法や国際システムそのものを否定することには躊躇もあろう。中国政府も、南シナ海に対する中国の立場は国際法と国際慣行に合致す

中国山東省の道路沿いに掲げられた看板（中国の領土、寸土たりとも認めない!!!）

るとの主張を展開した（「南中国海の領土主権と海洋権益に関する中華人民共和国政府の声明」中国網、二〇一六年七月一三日）。習近平国家主席は、仲裁裁定発出後に訪中したライス米大統領補佐官に対し、互いの核心利益を尊重するよう求めつつ、「中国は現行の国際制度と秩序に挑戦する意図も覇権を求める意図もない」と述べた。

仲裁裁判後の中国政府の声明は、「九段線」には触れなかった。「南中国海において歴史的権利を有する」との曖昧な表現に止め、「歴史的事実の尊重を踏まえ、国際法に基づき、交渉と協議を通じて、平和的に解決することを望んでいる」と表明した。

しかし、南沙諸島では、中国が実効支配する七つの岩礁の人工島化と軍事化が何事もなかったかのように続けられた。そこには、軍事・戦略上の必要性や駐留兵士の生活条件向上といった現実的考慮に加えて、「フィリピンやベトナムは中国の南沙諸島の一部の島や礁を不法に武力侵略・占領した」にも拘らず、「長年高度の自制を保ち、交渉による平和的解決を探り続けてきた」中国が非難される謂《いわ》れはないとの不満がある。中国の友人は、日本が中国の行動だけを問題にするのは公平でないと慨嘆した。

しかし、一度中国が行動を起こせば、そのスピードと規模は他国の比ではない。二〇一四年以来中国が埋め立てた人工島の面積はすべての当事国が埋め立てた全面積の九五%を占める。大国が中小国以上の国際的責任を求められるのは当然である。周辺国の中国への警戒感は強まり、アメリカを始めとする西側諸国は「法の支配」に挑戦する中国の姿勢を糾弾するが、それ以上の行動はアメリカの「航行の自由作戦」に止まり、中国のサラミ戦術を押し返すだけの対抗措置は取れていない。

習近平党総書記は、二〇一七年一〇月の党大会において、「南シナ海での人工島建設を積極的に推進した」と述べ、南シナ海の実効支配を成果として誇った。それは、南シナ海での力による一方的現状変更が党最高指導部の不動の方針であることを物語る。

（3）南シナ海問題と日本の国益

「法の支配」をめぐる米中のせめぎ合い

国際社会と国内社会の違いの一つは、法の強制力の有無である。国際社会の規範化・ルール化への努力はなされてきたが、その実効性を担保するシステムは国内社会に遠く及ばない。南シナ海に関する仲裁裁判の裁定についても、その遵守が義務付けられているが、その義務を果たさない当事国に履行を強制したり、罰則を科したりすることはできない。中国の「紙くず」発言の背景には、自らの立場や利益を押し通すことのできる大国のパワーと、すべての国家が従うことが期待される国際社会のルールとの間に存在する緊張関係の糸が切れてしまったことを示唆した。

そもそも、中国は一九九六年に国連海洋法条約を批准しているが、アメリカは署名をしたもののいまだ批准をしていない。この点につき、アメリカは慣習として国連海洋法条約を遵守しているが、中国は国連海洋法条約締結国でありながらその規定を遵守していないとの議論がある。南シナ海で起きていることは、この議論が正しいことを物語っている。しかし、条約未加盟であることがアメリカの法的・道義的立場を弱めていることも否定しがたい。

海洋法の分野では、世界の海を支配する海洋強国のアメリカが特定の価値観や規範に基づく行動を世界の海で積み重ねていくことにより慣習法が形成され、海洋法条約の成立につながった。

こうした経緯もあり、国連海洋法条約をめぐる解釈において、米中両国の立場は異なり、衝突する。

たとえば、国連海洋法条約第五八条の「排他的経済水域における他の国の権利及び義務」を取り上げてみよう。アメリカは、航空機の発着、軍事装置の操作、諜報活動、演習、軍事測量のような軍事活動は同条によって歴史的に認められた公海の利用に該当するとの立場である。一方、中国は沿岸国が外国の軍事活動と軍事施設に対するコントロール権を持つとの立場である。この立場の差が招いた事案の一つが、二〇〇九年三月に海南島南方七五海里の公海で起きた米海軍海洋調査船インペッカブルの活動に対する中国艦船による妨害である。

こうした中国の立場は、国連海洋法条約交渉において見られた先進国と途上国の間の利害対立を反映しているが、米軍が中国近海において様々な活動を行ってきたことに反発する中国独自の論理でもある。しかし、海洋強国を目指して海洋進出を強める中国がアメリ力をしのぐ超大国となれば、その立場も変わるであろう。大国が自らの利益に沿った独自の行動を積み重ねていくことによって国際法や国際秩序は変質する。

南シナ海はその典型的な実例となりかねない。そうしないためにも、アメリカは「航行の自由作戦」を続けることに加え、国連海洋法条約を批准し、仲裁裁判所が裁定で示した判断や解釈が普遍化し規範化するよう指導力を発揮すべきである。

日本の国益

日本が輸入する資源のルートとして死活的に重要なシーレーンが通る南シナ海の航行の自由は、日本の繁栄のみならず、日本の生存という死活的国益にも影響する。また、「法の支配」に基づく国際秩序の擁護は日本の国益として位置づけられている。

同盟国たる日本としては従来の枠組みにとらわれることなく、アメリカとの協力を積極的に模索すべきである。「航行の自由作戦」への協力について何が可能か検討することも排除すべきでない。

また、「自由で開かれたインド太平洋戦略」の観点から、日本が関係諸国と連携・協力し、「法の支配」の実現に向けて結束する姿勢を示すことも重要である。

第一に、周辺諸国への支援である。中国の海洋進出が活発化する中で、周辺諸国は自国の主権や海洋権益を保全していく能力を高める必要に迫られている。日本は、既にフィリピン、ベトナム、マレーシアなどに対し、巡視船の供与や要員の教育など様々な支援を開始している。海上法執行や安全保障の分野での周辺国の能力を強化するための協力は南シナ海の「法の支配」に資するものであり、日本の国益にもつながる。

第二に、豪州やインド、更にはイギリスやフランスなどとの連携である。海上自衛隊とこれらパートナー諸国との共同訓練や合同パトロールなどは、海上交通路の防衛が必要とされる場合の協調行動へのステップとして効果的である。

沖ノ鳥島問題

日本政府は国連海洋法条約第一二一条第一項（島とは、自然に形成された陸地であって、水に囲まれ、高潮時においても水面上にあるものをいう）の定義に従って沖ノ鳥島を「島」であると認定し、一九九六年の国連海洋法条約発効時に制定した「排他的経済水域及び大陸棚に関する法律」によって、沖ノ鳥島を基点とする排他的経済水域を設定した。

また、国連海洋法条約によれば、第一に、沿岸国の領海を越える海面下の区域の海底及びその下であって領海の基線から二〇〇海里の距離までのものを当該沿岸国の大陸棚とし、第二に、大陸縁辺部が二〇〇海里を超えて延びている場合には、同条約が定める一定の条件の下で二〇〇海里を超えて大陸棚を設定できる（第七六条）。同条によれば、「大陸棚の限界に関する委員会（ＣＬＣＳ）」が沿岸国の提出したデータを検討し、大陸棚外側の限界の設定に関する「勧告」を行い、沿岸国がその勧告に基づいて大陸棚限界を設定することになる。こうして設定された限界は「最終的」で「拘束力を有する」。

日本政府は、二〇〇八年一一月に、二〇〇海里を超える大陸棚に関する情報を同委員会に提出した。これに対し、二〇〇九年二月、中国は、国連事務総長に口上書を発出し、いわゆる沖ノ鳥島は同条約一二一条三項に言う「岩」であり、「沖ノ鳥の岩はその自然の条件において明らかに人間の居住や独自の経済生活を維持することができず、したがって、排他的経済水域と大陸棚を持たない」と主張した。二〇一一年八月には韓国が同様の抗議をし、中国も改めて同趣旨の口上書を発出している。

二〇一二年四月、同委員会は、日本が提出した七区域のうち六区域について勧告を行った（計約三一万平方キロメートルの大陸棚の延長を認める勧告となった／図４－９）。

しかし、沖ノ鳥島の南方に位置する九州・パラオ海嶺南部海域については、「ＣＬＣＳは中国、韓国、及び日本の口上書において言及された事項が解決されるときまで本海域の勧告に関する行動を取る立場にないと考える」との記載をもって、勧告は先送りされた。関連規定からは、科学的・技術的観点から同海域についても検討し勧告を行うことは可能

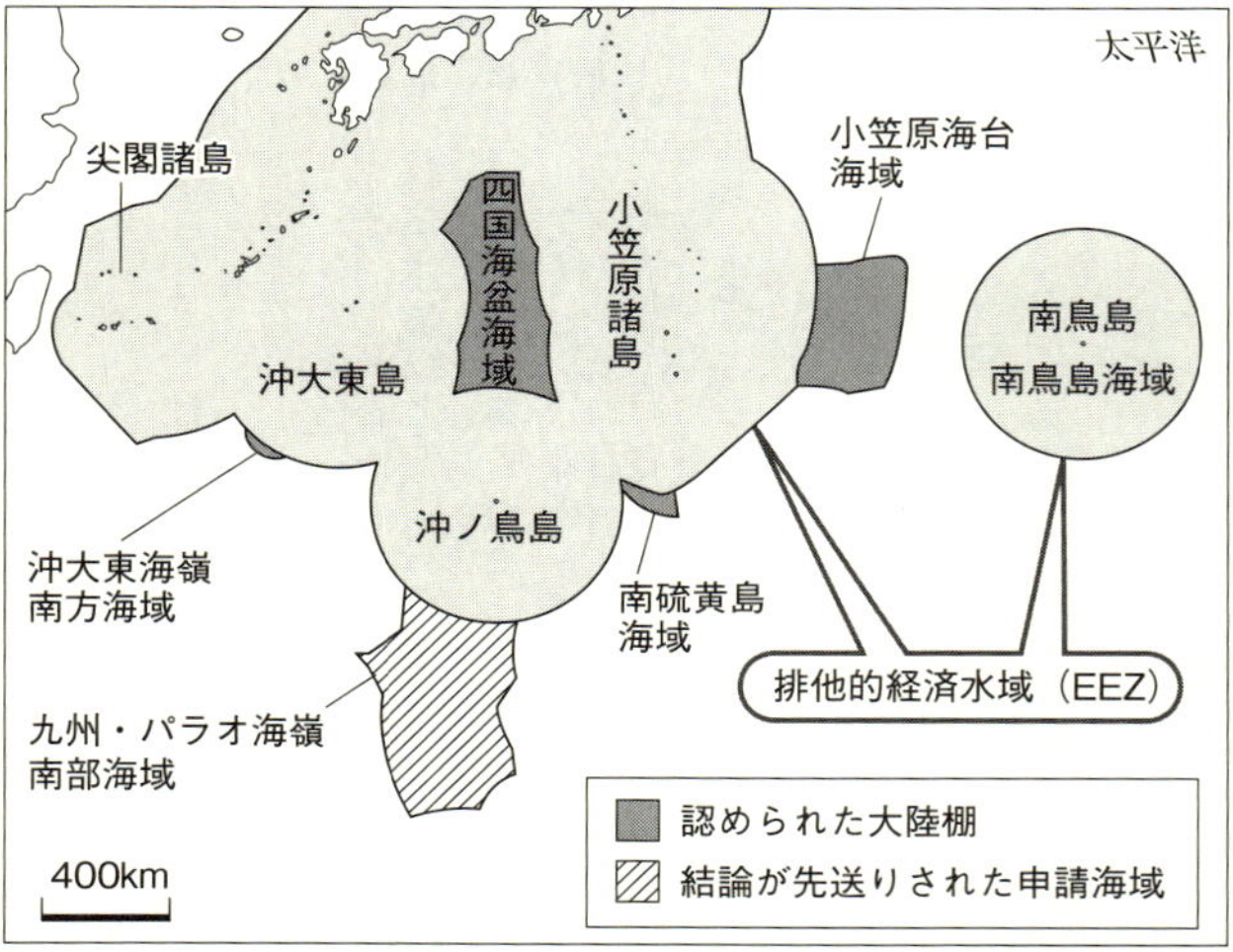

図4－9　日本の大陸棚延長の申請に対するCLSSの勧告を示す地図（http://www.kontei.go.jp/singi/kaiyou/dai9/siryou4.pdf）

と思われるが、事実上中韓両国の意見表明を考慮に入れた格好となった。

また、CLCSが沖ノ鳥島を国連海洋法条約上の「島」であると認めて、沖ノ鳥島の北方に位置する四国海盆海域の大陸棚延長を認めたかどうかは明確ではない。

二〇一五年八月に、マレーシアで開催されたASEAN地域フォーラム（ARF）閣僚会合において、岸田外相（当時）は南シナ海での大規模な埋め立てや拠点構築、その軍事目的での利用等、現状を変更し緊張を高める一方的行為が継続していることを深刻に懸念し、「暗礁・領海の外に位置する低潮高地、またはそれらを埋め立てた人工島は、国際法上、排他的経済水域や大陸棚どころか領海・領空を有しない」と発言した。
これに対し、王毅外交部長は沖ノ鳥島を取り上げて次の通り反論した。
「日本は、人工島はいかなる法的権利も発生させないと主張している。しかし、まず日本が何をしてきたかを見てみよう。過去数年間で日本は一〇〇億円を『沖ノ鳥岩』に使い、小さな岩を棒鋼とセメントでできた人工島に変えた。日本はそれに基づき、二〇〇海里の排他的経済水域（EEZ）を超えて国連に大陸棚を主張したが、国際社会の主要国にとっては日本の主張が驚くべきものであり、それを受け入れなかった。日本は他国のことに口を出す前に、まず自国の言ったこと、やったことを省みたほうが身のためだ」（中国外務省の公式ホームページ）
しかし、中国のこうした言辞には、中国の主張が退けられた二〇一六年七月の仲裁裁定において厳しい指摘がなされた。裁定の四一九、四三〇、四五一、四五二、四五七の五つのパラにおいて、沖ノ鳥島への言及がなされたが、そこでは、日本のCLCSへの大陸棚延長申請に関して、中国政府が国連事務総長に宛てた口上書（二〇〇九年二月六日及び二〇一一年八月三日）が取り上げられている。その中で、中国は沖ノ鳥島を取り上げ、国連海洋法条約第一二一条の三項（「岩」はEEZも大陸棚も持たない）が「人間の居住」や「自立的経済生活」を持続できない小さな地形に適切に適用されなければ、「人類の共通財産」や「国際社会全体の利益」を危険にさらすことを繰り返し仄《ほの》めかしている。しかし、そうした世界益・人類益の観点からの主張は、南シナ海問題になると、パタッと聞こえなくなる。ここに中国の「ダブル・スタンダード」が垣間見える。仲裁裁定は、中国の（沖ノ鳥島を問題にした）口上書に盛り込まれた国連海洋法条約の規定が南シナ海の地形の議論には適用されていないと指摘し、中国の一貫性ある「法の支配」に基づく言動を求めた。

仲裁裁判の裁定が出た三日後、岸田外相は、「今回の仲裁裁判に拘束されるのは当事国であるフィリピンと中国だけ」と述べた上で、「沖ノ鳥島は国連海洋法条約上の条件を満たす島だ」と強調した。

南シナ海問題と異なり、沖ノ鳥島が日本の領土であることを否定する国はない。領有権問題がない中で、日本が国益に資する国際法解釈を主張するのは主権国家として当然のことである。

仲裁裁判裁定は一つの判例となった。日本は、「法の支配」を基礎とする国際秩序の擁護も国益として位置付けて外交を展開してきた。将来、領土や海洋権益が関わる国益との折り合いをどう付けるのかが問われる局面が出てくる可能性も踏まえておく必要があろう。ベイダーの提案は日本の国益外交にも難しい課題を突きつけている。

（注1）二〇一五年一月、北朝鮮は核実験停止と引き換えに米韓合同軍事演習停止を提案したが、アメリカは二つが性格の異なる問題であり、軍事演習は合法だが、核実験は国際法上不法であるとして拒否した。二〇一七年三月、王毅外交部長は、これを「二つの暫時停止（中国語で「双暫停」）」と呼んで提案したが、アメリカはこれも拒否した。米韓両国からすれば、軍事演習はもっぱら北朝鮮の韓国進攻を想定したものであり、純粋に防衛的なものであり、その停止は米韓の抑止力の低下につながる。一方、北朝鮮の核・ミサイル開発の停止が発表されても、隠れた研究活動などを防止することはできず、両者の間に不均衡が生じる、というのがその理由である。しかし、北朝鮮が約束を破って核・ミサイル開発を再開すれば、米側も合同軍事演習を再開すればよいし、今や軍事演習はコンピューター化された机上の演習が中心で野外演習停止が抑止力の核心を弱めることもない、との指摘もある。

（注2）東シナ海では、日中双方の領海基線から二〇〇海里までの排他的経済水域及び大陸棚が重なり合う部分について、日中間の合意により境界を画定する必要がある。日本側は、国連海洋法条約の関連規定及び国際判例に照らした衡平な解決として、日中の地理的中間線を主張している。これに対し、中国側は沖縄トラフまでの大陸棚の自然延長説や大陸と島の（海岸線の）対比などの東シナ海の特性を踏まえるべきであり、中間線は認められないと主張。

（注3）白樺については、ガス田が中間線をまたいで日本側にまで伸びていることが問題となった（いわゆる「ストロー効果」）。

（注４）これに対し、日中国交正常化交渉に条約課長として参加した栗山尚一元外務次官（故人）がその著書（『戦後日本外交』岩波現代全書、二〇一六年）で展開する論旨はおよそ次のようなものである。

「尖閣諸島を取り上げれば、国交正常化交渉全体が暗礁に乗り上げる恐れが大であった。公明党の竹入委員長が訪中して周恩来首相と会談した際のメモ（いわゆる「竹入メモ」）にある通り、周首相は尖閣諸島の問題を提起するつもりはなかった。しかし、田中総理が取り上げたので、『今回は話したくない。今、これを話すのはよくない』と応じた。

こうした経緯から、中国側が『棚上げ』を主張し、日本側はあえてこれに反対しなかったと理解している。この問題が再浮上したのが七八年八月の日中平和友好条約締結交渉である。同年四月に、中国武装漁船集団が尖閣諸島周辺へ押し寄せ、十数隻が領海内に侵入する事件が起こり、自民党内から交渉において日本の領有権の立場を堅持すべし（七二年の「棚上げ」の否定）との声が出て、交渉のため訪中した園田外務大臣はこの問題を提起せざるを得なかった。しかし、鄧小平副首相は『後で落ち着いて討論し、双方とも受け入れられる方法をゆっくりと相談すればよい』と述べて、先の世代に委ねる考えを示した（中国側公表資料による）。同年一〇月来日した鄧小平は福田首相に全く同趣旨の見解を述べた。日本政府の反論はなく、七二年時の尖閣問題棚上げの暗黙の了解が再確認されたと考えるべきである」

（注５）米議会調査局（ＣＲＳ）が二〇一三年一月に米議会に提出したレポート（「7-5700 www.crs.gov R42761」https://www.fas.org/sgp/crs/row/R42761.pdf）は、「尖閣（釣魚／釣魚台）諸島の紛争：米国の条約義

務〔Senkaku (Diaoyu/Diaoyutai) Islands Dispute: U.S. Treaty Obligations〕」というタイトルによって、「紛争(dispute)」という言葉を使い、尖閣諸島の中国名も併記している。

（注6）「領有権」とは、国際法上一般に、ある領域に対して国家が有している主権を意味し、「施政権」は、国際法上確立した定義があるわけではないが、一般には、立法、行政、司法上の国家の権限を行使することを意味することが多く、領有権と異なり、領土の編入や第三国への割譲等、領域そのものを処分する権利までを含むものではない。

終章　日本の「開かれた国益」外交

1　日米同盟と「境界国家」論

国際協調と日米同盟

二〇〇一年三月、二一世紀の冒頭に首相となった小泉純一郎は、就任記者会見において、日本の戦前・戦後を総括して、こう述べた。

「日本が戦争に突入した理由は国際社会から孤立したことであり、日本が戦後今日まで繁栄できたのは日米友好関係があったからである。二〇世紀の教訓と経験を踏まえ、新世紀においても、日本は国際協調を貫き、日米同盟を基礎にして、中国や韓国などの近隣諸国との友好関係を維持発展させていくとの立場に変わりはない」（第一五一回国会における所信表明演説、二〇〇一年五月七日）

国際協調と日米同盟は戦後日本が堅持してきた外交の基本原則であるが、冷戦以降、国際秩序が大きな変動を見せてきた中で、その中身が問われ、変化もしてきた。

冷戦終結後に起きた湾岸戦争では、日本は国際協調と日米同盟を時代の要請に合わせた形で実際の外交に具現化していくことができなかった。その反省もあって、首相就任四ヵ月余りで起きた九・一一同時多発テロに対する小泉政権の反応は素早かった。テロ発生から二五日で「テロ対策特別措置法」を国会に提出し、一〇月末には成立させた。この法律の下で、自衛隊は、アフガニスタンで軍事活動をする米軍主体の多国籍軍に対して給油や給水といった後方支援を実施した。そこでは、「国際協調＝日米同盟」の世界が存在し、両者は相互に矛盾せず、不即不離の一対関係で語られた。

しかし、それから一年余りして始まったイラク戦争では矛盾が顕在化した。小泉首相は、「国際協調体制を取ることができるように今後も一段の努力をすべきだということを、色々な例を挙げながら、私はブッシュ大統領に話をした」と述べた（二〇〇二年九月一三日の内外記者会見での小泉首相発言）。しかし、国連安保理では湾岸戦争の時のような一致結束した対応が取れなかった。小泉政権は、「国際協調≠日米同盟」という構図の中に放り込まれた。二〇〇三年三月二〇日、米英軍等による対イラク武力行使が始まった直後、小泉首相は、「最終的に安保理での意見の一致が見られず、安保理が一致団結できなかったことは残念です」（二〇〇三年三月二〇日、イラクに対する武力行使後の事態への対応についての報告）と述べつつも、記者会見において、この攻撃を理解し、支持すると明言した上で、「日米同盟の重要性と国際協調の重要性、この両立を図っていくという方針に今後も変わりありません」と述べた。

そして、アメリカ支持の理由として、アメリカが「かけがえのない同盟国」であり、日本の平和と安全の確保のための「貴重な抑止力」を提供し、アジアの平和と安全の確保にとってもアメリカの役割は不可欠であると訴えた。

小泉政権以来の長期政権となった安倍政権も、「外交・安全保障の基軸」として日米同盟を重視し、「間違いなく、かってないほど強固なもの」となったと評価（二〇一八年一月二二日の安倍首相の施政方針演説）。安倍首相はトランプ大統領との間で緊密なコミュニケーションを保ち、ゴルフを通じた特別な時間も共有し、個人的絆を強めた。二〇一七年一一月のトランプ大統領の日本での歓迎晩餐会では、「半世紀を超える日米同盟の歴史において、首脳同士がここまで濃密で深い絆に結ばれた一年間はなかった」と述べた。

その一方で、トランプ大統領の「アメリカ第一」は世界を身構えさせ、国際協調を難しくし、NATOなど同盟諸国との間でも不協和音を奏でさせる。損得勘定で外交を考えるトランプ大統領はいざという時、同盟国を守るであろうか、そんな不安や不信が広がりを見せる。片や、力と自信をつけた中国は世界で存在感を増し、影響力を強める。リベラルな国際秩序は崩壊の危機にある。

「境界国家」論と日米同盟の行方

力の衰えを見せつつも、依然として世界一の軍事力と経済力を有するアメリカ、そして、東アジアの中心に位置する巨大な国家であり、目覚ましい経済発展により「大復興」を遂げる中国。衰退期にある世界大国と世界の舞台の中央を目指す地域大国が太平洋を挟んで対峙し、台湾、東・南シナ海、北朝鮮など地政学的衝突の火種を抱えながら、「新冷戦」とも称される覇権闘争を展開する。

日本は両大国の間に位置し、アジアと太平洋の間に打ち込まれた楔のような「境界国家」である。歴史の長きにわたって、アジアの中心にそびえ立った中国文明の影響を受けてきたが、二〇世紀には太平洋を支配したアメリカのパワーと価値に呑み込まれた。甚大な犠牲を払って敗戦した日本は、日米同盟と民主主義の下で、半世紀以上にわたって国家の安全と繁栄という国益を実現し維持してきた。しかし、二一世紀の今日、「強国・強軍の夢」を掲げる中国が日本を圧倒し、アジアのパワー・バランスを突き崩し、地域秩序を塗り替えようとしている。

そんな流れの中で、「境界国家」とは、東のシー・パワーであるアメリカと西のランド・パワーである中国がぶつかり合う境界に位置するとの地政学的特徴を有する概念であり、同時に、一方の軍事超大国との関係に国家の安全という国益を託し、もう一方の経済成長大国との関係に繁栄という国益も見出すという意味での戦略的立ち位置を示す言葉でもある。

日本は、この両大国に次ぐ経済大国であるが、停滞や衰退が目立ち、相対的な国力を低下させている国家である。また、戦争の歴史という精神的頸木《くびき》と憲法九条という法的・政治的制約によって軍事大国となることを自制してきた平和国家でもある。その意味で、日本は国際社会の権力政治においては「準大国」である。

この準大国と二つの大国の三角関係がアジア太平洋の安定を左右し、ひいては世界秩序の将来にも影響を与える。日本の国益を論じる際に、両大国との関係以上に重視すべき関係は他にない。日本は日米中関係の重要性を踏まえ、日本の国益に資する三国関係の形成と安定に努めなければならない。これまでは、日米中三角形の日米の一辺が一番太く強いことが日本の安全と繁栄という国益につながった。その一方で、日中の一辺は細く弱くなった。日米対中国のパワー・バランスが変化する中で、この三角形はどう変化していくのだろうか。米中の一辺がどう変化しようと、その変化は日中の一辺にも影響する。

他方、世界に張り巡らされたアメリカの同盟網はアメリカを唯一の超大国に押し上げた要因であり、中国やロシアにはないグローバル・パワーの源泉である。国益を最優先し、長期的な戦略的利益より短期的な商業的利益を優先するトランプ大統領は、そのことを理解せず、アメリカは同盟諸国に利用されてきたとしか見ない。「アメリカ第一」というトランプ政治は、安倍―トランプ蜜月にも拘らず、日米同盟の信頼性を揺るがしかねない。トランプ現象が一過性ではないアメリカ政治の構造的変化であるとすれば、日米関係への影響も深刻となる。日本の政策担当者は、パーマストンが残した「永遠の同盟はない」との言葉を一笑に付すかもしれない。しかし、国家の目標は国益であり、同盟ではない。同盟は国益を実現するための手段でしかない。同盟が国益実現に役立たないとなれば、同盟は解消されよう。その点、パーマストンの言葉は真理を突いている。日米同盟だけが例外とも言えない。日米同盟が揺らげば、日本の安全やアジアの安定も揺らぐ。

国際情勢や国内政治の変化の中で、日米同盟は危機を乗り越え、今日まで続いてきた。しかし、現在直面する荒波の衝撃はかつてなく大きい。「日米同盟さえあれば、日本は安泰であり、国益は守れる」という神話が崩れ去ることはないか。そんな疑問と不確実性が漂い始めたとしても不思議ではない程の中国の台頭とアメリカの変質が現実に起きている。この現実から目を背けず、国益を論じ、日本外交を展望することが今求められている。

2　日本外交の選択肢

「日米同盟至上主義」か「アジア主義」か

小泉首相は、日米同盟を最優先した。その姿勢は、日米同盟さえ堅持していれば中国を始めアジアとの関係は自然とついて来ると言っているかのようであった。二〇〇五年一一月の日米首脳会談では、終了後の共同記者会見において、「日米関係が良好であるからこそ、中国、韓国、ASEAN等をはじめ各国との良い関係が維持されてきている」と述べ、これに対し、ブッシュ大統領より、「それは正しい考えであり、賛成である、例えば、中国から見ても、良好な日米関係があるからこそ、中国も、日本・アメリカとの関係をそれぞれ良くしていかなければならないと思うのではないか」と述べた。

鳩山由紀夫首相は日米同盟よりアジアとの関係を重視した。二〇〇九年一〇月の日中韓首脳会議では、会議冒頭、「今までややもすると、日本はアメリカに依存しすぎていた。日米同盟は重要だと考えながら、アジアをもっと重視する政策を作り上げていきたい」と述べ、提唱していた「東アジア共同体」構想の核に日中韓三国がなるべきだと訴えた。温家宝首相の顔に驚きと当惑の色が浮かんだように見えたのは筆者だけではなかった。「アメリカ抜き」の共同体論ではないかと、アメリカも不信感を抱いた。

米国家情報会議の「Global Trends 2025」は、日本が二〇二五年までに人口減少や政治変動によって内政・外交の大きな方針転換を迫られると指摘して、日本がよりアメリカに近づくか、或いは中国に接近するか、という二者択一のシナリオを提示した。

それは、明治の時代から続く「アジアか欧米か」という「境界国家」日本のジレンマを想起させる。

しかし、「日米同盟至上主義」も「アジア主義」も日本の安全と繁栄を確保する戦略として不十分であり、二者択一を前提とすべきではない。だからと言って、この二つの主義が両立すると考えるのも楽観的過ぎる。

日米同盟だけで良いのか？

日本の選択肢をアメリカは分析し検討している。当の日本も日米同盟「神話」に安住すべきではない。

戦後の自民党政権はアメリカに「見捨てられる」ことを恐れ、同盟を維持するために、通商問題で譲歩したり、イラク攻撃を支持したり、アメリカの要求や立場に最大限寄り添ってきた。二次的国益を放棄し、或いは国際協調に背を向けてでも日米同盟を堅持する。それこそが死活的国益である国家・国民の安全につながる道だとの認識があったからだ。こうして日米同盟は日本の安全保障の根幹であり、外交の基軸であり続けてきた。

その信頼性がトランプ外交によって揺らぐようなことになれば、日本は自主防衛に頼って国家・国民の安全を確保しなければならなくなる。しかし、核兵器保有を含めた自主防衛論は、コスト、国際協調、国民感情の観点から現実的選択肢とはなり得ない。自主防衛のコスト計算には、日米同盟解消に伴うコスト（いわゆる「思いやり予算」を含むホスト・ネーション・サポートのコスト）の減少と自主防衛にかかるコストの増大を比較検討する必要がある。ある試算では、日本の一年の防衛予算の五倍以上のコストがかかる。自主防衛のための膨大なコスト負担は巨額の国家債務を抱える日本には取り得ぬ選択肢である。また、核兵器保有のためにはＮＰＴを脱退する必要があり、国際的孤立を覚悟しなければならない。それは、唯一の被爆国として「核兵器のない世界」を目指してきた日本の理念やアイデンティティの喪失を意味する。国際社会での「核保有の連鎖」を招く恐れもある。とても日本の国益に資する選択肢とはなり得ない。

だとすれば、米国家情報会議が指摘したように、中国に接近して日中提携を進めるか、という議論になる。

しかし、第四章で論じた通り、領土の保全や「法の支配」に基づく国際秩序の擁護という国益において、日中は対立する。北朝鮮の非核化や拉致問題の解決については、日中提携が助けになることはあっても、それが日米同盟に勝るとは言えない。日中提携で「核の傘」が期待できるわけでもない。死活的国益である国家・国民の安全の確保において、日米同盟は依然として最善の選択なのである。そのことは、日本が国益として位置付けている「自由、民主主義、基本的人権の尊重、法の支配といった普遍的価値やルールに基づく国際秩序の維持・擁護」(国家安全保障戦略)において一層明確となる。

中国外交の責任者である楊潔篪(当時外交部長)は、ASEAN諸国との会議において、「ある国は大国であり、ある国は小国である。それが現実だ」と発言したとされる。そこには、大復興する中国の大国意識とそれを支える中国独特の世界観が垣間見られる。近代ヨーロッパで成立し世界に広がったウェストファリア秩序は主権国家が並存する国際システムであるが、欧州列強が進出する前の東アジアには、中国の皇帝を中心とする冊封や朝貢の関係を放射状に広げた「華夷秩序」が存在していた。この伝統的「天下」観が今日の中国の世界観に影を落としている。

「一帯一路」は、中国というハブと周辺諸国をスポークで結ぶ交易ネットワークであり、そこにも現代版「華夷秩序」の顔が見え隠れする。それがアメリカのハブとスポークの同盟網と非対称な形で競合し、その狭間でアジア諸国が揺れている。海と陸のシルクロードを中心に、ユーラシアから世界の隅々にまで経済的影響力を拡大する「一帯一路」の実態が明らかになるにつれて、途上国や欧米諸国には疑念や警戒感が広がっている。中国はアメリカ主導のリベラル秩序に代わる新たな国際秩序の構築を目指しているのではないか。そうだとすれば、それはどんな秩序なのか。現代版「華夷秩序」なのであれば、「法の支配」に基づく秩序は中国共産党の下での「法による支配」に変質しかねない。南シナ海の現状はその懸念が杞憂でないことを物語る。

こうして、リベラルな国際秩序の擁護という国益において、日中提携は構造的な矛盾と限界を抱えることになる。

となれば、現実的な選択肢は、やはり日米同盟を基軸とするしかないということになる。集団的自衛権に見られる如く日米同盟は強化されてきた。しかし、トランプ大統領はその重要性を十分認識していないのではないか。在外米軍撤収も念頭にあるようだ。損得勘定が先立つトランプ外交への懸念は拭えない。一方、アジアでは、台頭中国への勢力均衡の必要性が論じられている。

こうして、「日米同盟だけで大丈夫か?」との問いが現実的重みを持ち始めている。この問いに対する論理的な回答は、「日米同盟+α」である。日本の外交戦略は、この

「α」を構想することにある。

3 「日米同盟＋α」

「自由で開かれたインド太平洋戦略」

アメリカでは、中国の台頭を否定的に捉える向きが大勢となっており、警戒感が高まっている。トランプ政権は、中国を「アメリカの国益や価値観と対極にある世界を形成しようとする修正主義勢力」と公式に位置付けた。米中両大国が国益のみならず、価値観をめぐって闘争する「新冷戦」と形容される所以である。

日米同盟は「利益の同盟」であり、「価値の同盟」でもある。日米同盟が半世紀を超える同盟となっている背景には、国益の変化に応じて同盟相手も変化するとの前提に立ったパーマストン流の同盟論を超える国家・国民間の価値観の共有がある。「日米同盟＋α」の「α」も、日米同盟の延長線上に位置づけられるとすれば、「α」は価値を共有する諸国とのパートナーシップということになる。

その一つの試みが、「自由で開かれたインド・太平洋戦略」であろう。それは、二〇一六年に安倍首相がアフリカ開発会議（TICAD）で発表した戦略であり、アジアとアフリカの「二つの大陸」と太平洋とインド洋の「二つの大洋」の交わりが国際社会の安定と繁栄のカギを握るとの認識に立つ。その柱は、「航行の自由」などの「法の支配」、海上法執行能力の向上から防災や不拡散といった「安全」への取り組み、「（国際標準に則った）質の高いインフラ整備」等を通じた連結性強化による「経済繁栄」の追求である。それは、「安全」、「繁栄」、「価値（リベラル秩序）」という日本の国益を踏まえた包括的戦略であり、強大化する中国がアメリカに代わる国際秩序形成者として登場していることを前提としたグローバル戦略でもある。

しかし、アメリカとの連携を欠いては、そのインパクトは限定的なものに終わる。日本のODAの経験やノウハウも踏まえ、日米が中心となって途上国を支援する形で具体的なプロジェクトを粛々と進めていく必要がある。筆者はそのことを在京米大使館高官にも強調した。それは、「自由で開かれたインド太平洋戦略」を外交的レトリックに終わらせないために必要であり、積極的意味での「一帯一路」との違いを途上国に示していく上でも重要な動きとなるからである。

「一帯一路」にどう関与するか

留意すべきもう一つの問題は、日本の繁栄という国益との関係である。アジア諸国は中国との経済相互依存を深め、「繁栄」という国益を中国に見出している。日本も例外ではない。「自由で開かれたインド太平洋戦略」の起源は、第一次安倍政権の「自由と繁栄の弧」に代表される「価値外交」にある。日本が「価値(正義)か利益(カネ)か」という二者択一的選択を迫るような陣営を形成し、中国に対峙・対抗しようとしていると捉えられれば、中国は警戒感を強め、アジア諸国も参加に二の足を踏むであろう。現に筆者が出席したASEAN諸国の学者との会議では、一部の学者から「アジア」が抜けた言葉への懸念や「価値外交」への疑念や不同意が示された。その意味で、この戦略が排他的でなく、「開かれた」構想であるとの立場を明確にする必要があろう。戦略を語るときは戦術も意識すべきだ。

その意味で、中国の「一帯一路」への「関与」も必要だ。「一帯一路」は次のルール・メーカーとなりつつある中国の新たな国際秩序づくりへの野心であり挑戦である。将来の国際秩序が「自由で開かれ、法の支配に基づく」ものとなるよう、日本は「傍観」ではなく、「関与」によってリベラル国家としての役割を果たして行くべきだ。AIIBについても、アメリカとの関係に配慮しつつ、日本の経験やノウハウを活かした「関与」を検討すべきである。

このように、「日米同盟＋α」には、中国との距離感をどう保ちながら外交を展開するかというもう一つの戦略的・戦術的思考が求められる。

その核心は、日中関係のマネージメントに行き着く。「境界国家」日本の安全と繁栄、そしてリベラル秩序の擁護という国益は、日米同盟を堅持しつつも、アジアで圧倒的な力を付けてアメリカに追いつく勢いを見せる中国との関係を上手にマネージしていくことなくしては確保し得ない。

強大化する中国の内部では、社会矛盾への疑問や公正への希求が高まり続けている。党と指導者への権力集中や言論締め付けも進むが、グローバル化や情報化によって柔軟な見方や多様な価値観が広がりを見せ、社会は着実に変化している。ただ、それは過渡期の不安定な変化でもあり、その行方は不確実だ。高まるナショナリズムや過剰な自信を背景とする強硬的な対外姿勢への警戒を怠ってはならない。他方で、日本社会の質の高さが訪日中国人の対日観を変えつつあることにも留意すべきである。中国にとって対日関係は敏感な内政問題であり、歴史や領土といった問題は容易に関係悪化に結び付く。両国の国民感情も悪い中で、日中関係をいかに安定的に維持していくか、対中外交は日本外交において最大の難題であり続けている。そんな問題意識に立って、「日中関係のマネージメント」について考えてみたい。

4　「日中関係のマネージメント」の難度と重要性

あらゆるレベルと分野での対話の必要性

日中間の力関係や国民感情の変化の中で、両国関係は対立や緊張の局面を何度も迎えたが、その都度、両国政府は関係改善も模索した。小泉政権下で悪化し停滞した関係を改善すべく就任後最初に訪中し靖国参拝も控えた安倍首相、四川大地震への援助や北京オリンピック出席などで中国の国民感情に寄り添った福田康夫首相、訪日を通じて日本重視を印象付けた胡錦濤・温家宝両首脳らの外交は、関係改善が自国にとっての国益であるとの基本認識に立ったものであった。

しかし、二〇〇八年を境に潮目が変わった。北京オリンピックの成功と世界金融危機後の高成長によって自信を深めた中国は高揚するナショナリズムも背景に「力の外交」に転じていく。二〇一〇年に中国のＧＤＰが日本を追い越し、尖閣諸島領海で中国漁船による海上保安庁巡視船への衝突事件が起きた頃から関係改善の動きは遠のき、二〇一二年の尖閣諸島「国有化」後は国家関係が悪い状態で固定化してしまった。尖閣諸島周辺では、中国公船等が日本の領海や接続水域への侵入を繰り返し、中国航空機への自衛隊のスクランブル数も激増した。日中双方の約七割の人々が相手国を「軍事的脅威」であると感じている。隣国関係には危うい緊張感が漂った。

中国のパワーは増大を続け、停滞する日本との差は今後も広がり続けるだろう。日本の死活的国益である「国家・国民の安全」にとって最低限確保すべきは、中国が増大するパワーを日本に敵対する形で行使することのないよう、日中関係を適度に安定した基盤の上に乗せることである。そのためには、対話を欠かしてはならない。隣国との信頼醸成と相互理解の重要性は言うまでもない。首脳の相互訪問や高級事務レベルの戦略対話を始め、あらゆるレベルと分野で対話を強化し活性化する必要がある。

日中関係の新たな均衡点

日本では、依然として「中国崩壊論」がもてはやされる。権威あるピュー・リサーチの調査では、中国が経済的にアメリカを追い抜くと見る人が欧米には多いが、日本では極端に少ない。日本人の中国に対する親近感も極端に少ない。対中感情に流された希望的観測は国益論においては有害だ。日本の代表的経済人から、「ＴＰＰ11は中国包囲網だ」といった勇ましい意見を聞いて驚いたこともある。日本企業にとって必要なのは、変化を続ける中国市場においてビジネス・チャンスを摑み取る覚悟と戦略である。

今や中国は日本にとって最大の貿易相手国であり、海外進出日本企業の半数近くに当たる三万二〇〇〇社が中国に集中している。アメリカ進出企業の四倍以上となる企業数の重みは日本の経済成長にとって無視できない。それは在留邦人の安全や日本企業の投資の保護にも関わる。筆者は上海在勤中にそのことを痛感した。

中国は「政治の国」である。政治が経済を含めたあらゆる分野に影響する。まして「党がすべてを指導する」習近平体制下の中国である。政経分離があり得ない国家であるだけに、日本も国家が存在感を示していくべきである。日本政府としては、日本企業の貿易・投資活動が円滑に進むよう、知的財産権の保護や国有企業の調達の内外無差別化などの問題の解決を粘り強く働きかける必要がある。かつて筆者が事務方責任者として担当した「日中ハイレベル経済対話」は準備段階での日本企業からのヒアリングを踏まえた具体的要求を大臣レベルでぶつける場として一定の役割を果たしたが、その後の両国関係悪化の中で開催できないでいた。二〇一八年四月、同対話が八年ぶりに再開された。こうした実務的協議を積み重ねていくことが重要だ。

パワー・バランス転換期には台頭国家の国益やパワーが既存の規範や秩序を脅かし、権力政治というリアリズムが幅を利かす。そんな流れが、中国の「新権威主義」の攻勢と欧米諸国の民主主義の不振・減退によって勢いを増している。

力を付けた中国の「奮発有為」は益々顕著となろう。日本やアメリカが傍観すれば、その動きは経済力と軍事力に物を言わせた秩序破壊的効果を生むだろう。日米を中心とするリベラル諸国は、「法の支配」といった価値を守る姿勢を示しつつ、中国の非リベラルな動きには毅然と向き合い、その是正を求める努力を放棄すべきではない。その上で、「一帯一路」といった国際秩序づくりには内側からの「ピア・プレッシャー」という関与により国際ルールに則った行動を促していく努力も必要だ。

日中間には経済や環境の分野から朝鮮半島の非核化まで協力すべき課題も少なくない。アメリカと連携した戦略的関与は依然重要だ。中国の建設的な役割を慫慂する上では、筆者がその立ち上げに関わった日中韓サミットも有用なプラットフォームだ。日中関係を多国間枠組みの中に位置付けることで、二国間の懸案は脇において、三国が共通の課題に取り組むための対話と協力が可能となる。未来志向のウィン・ウィンを志向する方向での対中関与は国民感情の改善にもつながる。

日中関係の適度な安定なくしてアジアの持続的な平和はあり得ない。日中間の不信と対抗を和らげ、安定した関係を構築することは容易ではないが、日本の安全と繁栄という国益及びアジアの安定と繁栄という国際益の観点から、その意思を明確に発信し、日中関係の新たな均衡点を見出す努力が何よりも求められている。

5 「開かれた国益」を目指して

「国家・国民の安全」という国益と憲法九条

日本は日米同盟によって国家・国民の安全を確保してきた。同時に、世界で唯一の被爆国としての使命感と世界でも稀な平和憲法の理念の下で、経済大国となっても軍事大国とはならず、ODA大国として途上国の貧困撲滅や医療・教育などの分野で質の高い援助を続けてきた。こうした戦後日本の歩みは、日本が現実主義と理想主義を併せ持つ独特の国家であることを物語る。

二一世紀に入ると、リベラルな国際秩序を支えてきたアメリカの衰退、そして、アメリカに取って代わる勢いで新たな秩序を模索する中国の台頭の中で、日本は「普通の国」化に動いてきた。集団的自衛権の一部容認に続き、憲法九条の改正も視野に入った。

理想主義者からすれば、憲法九条は日本が世界に示すべき「理念の灯台」であり、人類が目指すべき「理想」であって、それが日本の道義的立場を強くする論理であった。

一方、リアリストからすれば、「平和を愛する諸国民の公正と信義に信頼して」国家の安全を確保しようとする日本国憲法は余りにもナイーブだ。日本の平和や安全は、憲法ではなく、日米安全保障条約によって維持されてきたと論駁する。

憲法と日米安保条約の並存と緊張の関係は日本の国益外交にも影を投げかける。日本は、「核兵器のない世界」の実現に向けて着実に前進すべく、すべての国家による核軍縮の基礎となり得る核廃絶決議案を毎年国連総会に提出し、採択されてきた。それは、アメリカによる拡大核抑止（核の傘）の下で国家・国民の安全という死活的国益を確保する一方で、幅広い国民的支持を背景に「核兵器のない世界」の実現という世界益を追求する外交を象徴する。こうした外交を筆者は現実と理想の矛盾を日本独特の折衷主義で包み込んだ「したたかな現実主義的理想主義」として評価する。

しかし、ノーベル平和賞を受賞した「核兵器廃絶国際キャンペーン（ＩＣＡＮ）」が推進した核兵器禁止条約については、（棄権でもなく）反対票を投じて、関係者や被爆者の失望を招いた（二〇一七年七月に条約は採択された）。核兵器廃絶という理想のゴールを共有しつつ、北朝鮮の核ミサイルという現実の脅威にどう対応するか。折衷主義による「したたかさ」の限界なのか、それとも、両者の矛盾を杓子定規に二者択一として捉える日本的「生真面目さ」なのか、国益と国際益・世界益との両立が容易ではないことにも改めて気づかされた。NPT体制の下での核保有国による核軍縮や非保有国への核不拡散努力を通じた核廃絶への取り組みを粘り強く続けていくしかない。

集団的自衛権をめぐる論争では、「憲法で国家は守れない」との議論もあった。確かに、国が滅びれば憲法など何の意味もないとの理屈は国民にも分かり易い論理である。しかし、憲法は国家のアイデンティティそのものであり、国家を守るということはすなわち憲法を守ることでもある。仮に「憲法で国家は守れない」との議論が憲法を蔑《ないがし》ろにするような空気を生むならば、それは国家の安全保障を云々する以前の「国家のあり方」として適当ではないし、戦前の日本を想起するまでもなく、危険でもある。

問題は、日本の平和憲法が戦争しないと宣言したからといって日本の平和や安全が保障されるわけではないという国際政治の現実にある。日本国憲法が期待した世界秩序が実現されない中で、日本は平和と安全を日米同盟に依存せざるを得なかった。この現実と憲法(特に第九条)の関係をどう整理すべきか? それが整理できないまま今日に至っている。この不正常な関係にも日本特有の理想主義と現実主義の不思議な同居が窺える。

しかし、北朝鮮の核・ミサイルによる挑発行動や中国の海洋進出という赤裸々な力の行使が日常化する中で、安全保障に対する国民の意識には変化が見られる。「神学論争」と揶揄《やゆ》されてきた国会での安全保障論議も現実主義的色彩を帯びてきた。

憲法改正論議の行方は、現実主義と理想主義の対立軸で捉えるべきではない。望むらくは、国家の最高法規としての憲法への尊厳の念や民主主義への信頼感が広く国民に共有される中で、安全保障に対する国民の意識や理解も高まるという同時並行的アプローチによって進展して欲しい。それは、憲法を支える国民主権への実感と自信が日々の政治において確認されていくことが前提となる。内政と外交が一体化する今日、政治家の責任のみならず、民主主義を支える国民の自覚も問われている。そして、その答えは現実主義と理想主義を包摂した「開かれた国益」を論じることで見えてくる。

日本の「開かれた国益」外交

戦後日本は国際協調を優先し、国益を重視してこなかったとの批判がある。しかし、国際協調と国益は対立概念ではない。国際協調は国益を実現する外交の基本方針である。国際協調の要諦はどこと協調するかという点にある。国連を脱退し、欧米と対立し、アジアを侵略した歴史を教訓として、戦後日本は「外交三原則」を掲げて、国連、アメリカ主導の自由主義諸国、アジアという三つのフィールドにおいて、国際協調によって国益を確保すべく努めた。それは、自国に国益があれば、他国にも国益があり、国際社会にも共通の利益が存在するとの認識に基づき、それら相互の間の調整を通じて自国の国益を実現するという意味での「開かれた国益」外交である。

しかし、多様な利益や価値が混在する国連やアジアとの協調は、利益や価値を共有した自由主義諸国との協調のようには明確でなく、一貫性もなかった。それは、「外交三原則」において、「協調」という言葉が自由主義諸国との間でのみ使われたことにも窺える。その中核に日米同盟が存在してきた。死活的国益が問題となるとき、「国際協調」は「日米協調」に収斂された。

しかし、今、国際社会のパワー・バランスが変化し、「アメリカ第一」がリベラルな国際秩序を揺さ振り、自由主義諸国の協調にも亀裂が生じる。日米同盟は盤石だろうか。不透明感が増す中で、日米同盟が維持されるとしてもそれだけでよしとできない国際社会の構造変化が起きている。「日米同盟＋α」戦略を論じ、その下で「α」外交を果敢に進めるときである。そして、この「α」は中国を意識したものとなる。

中国は党大会で共産党による全面的指導を打ち出した。「社会主義市場経済」が国有企業の役割強化など社会主義の市場経済への優越という方向に進むなら、中国経済のみならず、世界を巻き込む「一帯一路」にも国際的なルールや透明性といった観点からの懸念が強まり、中国主導秩序への警戒感も更に高まるだろう。

日本としては、中国経済のダイナミズムを取り込みつつ、中国の影響力が強まる地域秩序が「自由で開かれ、法の支配に基づく」ものとなるよう、「α」戦略を構想し着実に前に進めていく必要がある。TPPはその核となるはずであった。中国を望ましい方向に誘導する大戦略であり、圧力でもあったTPPからのアメリカの離脱は、日本にとっての大誤算であった。日本としては、TPP11の結束を維持しつつ、トランプ後のアメリカの復帰を働きかけるしかない。同時に、「一帯一路」や東アジア地域包括的経済連携（RCEP）においても役割を果たしていくべきである。同時に、ネット世論や軍や共産党宣伝部による対日強硬の声が中国政治を壟断しないよう首脳の相互訪問を始めとするあらゆる分野でのヒトの交流を厚みのあるものとし、一四億中国人の対日理解の増進につながるパブリック・ディプロマシーを強化する必要がある。訪日観光の促進はその種の副次的効果が大であり、単なる数字目標の達成ではなく、受け入れ態勢を含めた戦略的対応が求められる。

リベラルな国際秩序が「力の論理」や排外的ナショナリズムによって動揺する中で、リベラリストの声は日本でも世界でも弱まりつつある。そんな時代を迎えているからこそ、「開かれた国益」が日本外交の思想的基盤であってほしいと思う。もちろん、その基礎には国益があり、「日中友好」といった情緒的関係や「アジア主義」といった実態のない連帯ではなく、国益の調整と共有に外交の総力を挙げて取り組む必要がある。

その上で、日本は、戦争の歴史に謙虚に向き合うとともに、未来志向の大義や価値を掲げて実践する道義的リーダーとしても行動すべきだ。成熟した民主主義国家、自由や人権や法の支配といった普遍的価値が定着したリベラルな社会、貧困と開発の問題に取り組み、途上国から高い評価を勝ち得てきたODA（政府開発援助）大国、核兵器のない世界の実現を目指す平和国家である日本はアジア、そして世界の模範（a role model）となることができる国家だ。悲観することなく、世界の平和と繁栄に貢献する「開かれた国益」外交を展開することである。国際社会の共感の輪が広がれば、中国や韓国による歴史への拘りを相対化することにもつながる。「開かれた国益」外交が平和で繁栄するアジアの未来への道標となり、再び日本に大きな輝きをもたらすことを心より願う。

あとがき

本書で述べた通り、国力（パワー）は、国家・国民の利益を実現する上での基礎である。パワーなくしては、「積極的平和主義」や安保理常任理事国入りも絵に描いた餅となる。そのパワーを日本は失いつつある。

憂慮すべきは、東京一極集中と地方の衰退だ。故郷に帰る度に「東京栄えて国滅ぶ」が現実味を帯びて迫ってくる。二〇四〇年、消滅可能性のある地方自治体が半分に達するとの衝撃的報告もなされた。人口急減・超高齢化の影響が忍び寄り、巨大な直下型地震の起きる可能性が高まる東京の繁栄も不確実だ。地方や離島を含む国家全体の繁栄という観点から、自律的で持続的な社会を再構築することができなければ、日本はこのまま衰退への坂道を転げ落ちることになる。

日本という国家が活力を持ち、力強く発展してこそ、積極的に国際社会に関わり、「開かれた国益」の実現も可能となる。内政あっての外交である。東大で教えていて、政治を志すと語る学生に会ったことがほとんどない。次の首相についての世論調査では、「他に適当な候補がいないから」という答えが多数を占める程に日本の政治は貧困だ。政治の活性化なくして国民的な国益議論は高まらない。

筆者は、多くの方々から御指導いただいたが、特に、尊敬する同郷の大先輩である故・後藤田正晴先生（元副総理）から生前政治や外交から人生についても多くのことを学んだ。先生は、日本の行方を憂えておられた。外交については、「日米同盟だけに安住してはいけない。中国との関係をもっと考えないといけない」とよく言われた。日本の国益を論じるとき、米中両大国との関係が死活的に重要である。アメリカや中国が変化すれば、日本外交にも変化が求められる。両大国はどう変化し、日本はどう変化すべきなのか、筆者なりの答えは本書に示した通りである。

もちろん、国際問題や外交の現場には、誰もが納得し、賛同する正解はない。理論と実務の双方に立脚しながら、「reasonable」で「workable」な解を追い求めて行くしかないと思う。そして、その弛《たゆ》まぬ努力こそが日本の平和と繁栄という国益につながるのだということを信じて、研究と教育に微力を尽くしたい。聖書の中に、「一粒の麦は、地に落ちて死ななければ、一粒のままである。だが、死ねば、多くの実を結ぶ」という言葉がある。この言葉を引用しながら筆者の研究・教育への道を後押ししてくれた母と妻に本書を捧げたい。そして、筆者のゼミやクラスから引き続き国益を担う外交官や実務家が数多く生まれることを願って止まない。願わくば、政治家を志す者も。

最後に、講談社現代新書編集部の青木肇編集長と小林雅宏氏に感謝申し上げたい。小林氏には東大に何度も足を運んでアドバイスと激励を頂いた。お二人の熱意がなければ、本書の完成はまだまだ先のことになっていたであろう。

二〇一八年八月

小原雅博

参考文献

※以下は主要なもののみ。政府や国際機関などの報告書や発表文等は適宜本文中に記載した。

スピノザ『国家論』(畠中尚志訳) 岩波文庫、一九四〇年
トゥキュディデス『戦史』(久保正彰訳) 岩波文庫、一九九七年
プラトン『国家　上』(藤沢令夫訳) 岩波文庫、一九七九年
ホッブズ『リヴァイアサン　1・2』(水田洋訳) 岩波文庫、一九九二年
マキァヴェッリ『君主論』(河島英昭訳) 岩波文庫、一九九八年
メッテルニヒ『メッテルニヒの回想録』(安斎和雄監訳) 恒文社、一九九四年
ルソー『社会契約論』(井上幸治訳) 中公文庫、一九七四年
ロック『市民政府論』(鵜飼信成訳) 岩波文庫、一九六八年
ヘドリー・ブル『国際社会論　アナーキカル・ソサイエティ』(臼杵英一訳) 岩波書店、二〇〇〇年
E・H・カー『危機の二十年』(原彬久訳) 岩波文庫、二〇一一年
沈志華『最後の「天朝」　上・下』(朱建栄訳) 岩波書店、二〇一六年
W・S・チャーチル『第二次世界大戦　1〜4（新装版）』(佐藤亮一訳) 河出文庫、二〇〇一年
ロバート・D・エルドリッヂ『尖閣問題の起源』(吉田真吾・中島琢磨訳) 名古屋大学出版会、二〇一五年
フランシス・フクヤマ『歴史の終わり　上・下』(渡部昇一訳) 三笠書房、一九九二年
ジョセフ・フランケル『国益』(河合秀和訳) 福村出版、一九七三年
習近平「習近平国政運営を語る」外文出版社、二〇一四年
ジョージ・F・ケナン『ジョージ・F・ケナン回顧録　I〜III』(清水俊雄・奥畑稔訳) 中公文庫、二〇一六、一七年
ジョージ・F・ケナン『アメリカ外交50年』(近藤晋一・飯田藤次・有賀貞訳) 岩波現代文庫、二〇〇〇年
ポール・ケネディ『大国の興亡』(鈴木主税訳) 草思社、一九九三年

ロバート・ケネディ『13日間――キューバ危機回顧録（改版）』（毎日新聞社外信部訳）中公文庫、二〇一四年
リー・クアン・ユー『リー・クアン・ユー回顧録　上・下』（小牧利寿訳）日本経済新聞社、二〇〇〇年
ウォルター・リップマン『世論』（掛川トミ子訳）岩波文庫、一九八七年
ロバート・マクナマラ『果てしなき論争』（仲晃訳）共同通信社、二〇〇三年
フリードリヒ・マイネッケ『近代史における国家理性の理念　1・2』（岸田達也訳）中公クラシックス、二〇一六年
ハンス・モーゲンソー『国際政治　上・中・下』（原彬久監訳）岩波文庫、二〇一三年
アントニオ・ネグリ、マイケル・ハート『帝国――グローバル化の世界秩序とマルチチュードの可能性』（水嶋一憲・酒井隆史・浜邦彦・吉田俊実訳）以文社、二〇〇三年
ハロルド・ニコルソン『外交』（斎藤眞・深谷満雄訳）東京大学出版会、一九六八年
ジョセフ・S・ナイ『ソフト・パワー』（山岡洋一訳）日本経済新聞社、二〇〇四年
バーバラ・タックマン『八月の砲声　上・下』（山室まりや訳）ちくま学芸文庫、二〇〇四年
A・V・トルクノフ『朝鮮戦争の謎と真実』（下斗米伸夫・金成浩訳）草思社、二〇〇一年
Trump. D, Crippled America: How to Make America Great Again, Threshold Editions, 2015
Trump. D, The Art of the Deal, Arrow, 2016
栗山尚一『戦後日本外交』岩波現代全書、二〇一六年
小原雅博「中国大国外交の『硬』と『軟』」『外交』Ｖｏｌ．47、二〇一八年一月
小原雅博「国益とは何か」『中央公論』、二〇一七年五月
小原雅博「『偉大な米国』の衰退と二つの危機」『外交』Ｖｏｌ．42、二〇一七年三月
小原雅博『国益と外交』日本経済新聞出版社、二〇〇七年
小原雅博『東アジア共同体』日本経済新聞出版社、二〇〇五年
小原雅博『「境界」国家論』時事通信出版局、二〇一二年
竹内好、丸川哲史・鈴木将久編『竹内好セレクションⅡ　アジアへの／からのまなざし』日本経済評論社、二〇〇六年

半藤一利『昭和史』平凡社ライブラリー、二〇〇四年
陸奥宗光『蹇蹇録』中公クラシックス、二〇一五年
山田朗『軍備拡張の近代史』吉川弘文館、一九九七年
吉田茂『回想十年　上・中・下』中公文庫、二〇一四、五年
吉田茂『日本を決定した百年』中公文庫、一九九九年
歴史学研究会編『世界史史料11　20世紀の世界Ⅱ』岩波書店、二〇一二年
歴史学研究会編『世界史史料12　21世紀の世界へ　日本と世界　16世紀以後』岩波書店、二〇一三年

講談社現代新書　2494

日《に》本《ほん》の国《こく》益《えき》

二〇一八年九月二〇日第一刷発行

著　者　小《こ》原《はら》雅《まさ》博《ひろ》

発行者　渡瀬昌彦

発行所　株式会社講談社

東京都文京区音羽二丁目一二—二一　郵便番号一一二—八〇〇一

電　話　〇三—五三九五—三五二一　編集（現代新書）

〇三—五三九五—四四一五　販売

〇三—五三九五—三六一五　業務

装幀者　中島英樹

印刷所　凸版印刷株式会社

製本所　株式会社国宝社

定価はカバーに表示してあります　Printed in Japan

N.D.C. 329　290p　18cm

ISBN978-4-06-513126-8

「講談社現代新書」の刊行にあたって

教養は万人が身をもって養い創造すべきものであって、一部の専門家の占有物として、ただ一方的に人々の手もとに配布され伝達されうるものではありません。

しかし、不幸にしてわが国の現状では、教養の重要な養いとなるべき書物は、ほとんど講壇からの天下りや単なる解説に終始し、知識技術を真剣に希求する青少年・学生・一般民衆の根本的な疑問や興味は、けっして十分に答えられ、解きほぐされ、手引きされることがありません。万人の内奥から発した真正の教養への芽ばえが、こうして放置され、むなしく滅びさる運命にゆだねられているのです。

このことは、中・高校だけで教育をおわる人々の成長をはばんでいるだけでなく、大学に進んだり、インテリと目されたりする人々の精神力の健康さえもむしばみ、わが国の文化の実質をまことに脆弱なものにしています。単なる博識以上の根強い思索力・判断力、および確かな技術にささえられた教養を必要とする日本の将来にとって、これは真剣に憂慮されなければならない事態であるといわなければなりません。

わたしたちの「講談社現代新書」は、この事態の克服を意図して計画されたものです。これによってわたしたちは、講壇からの天下りでもなく、単なる解説書でもない、もっぱら万人の魂に生ずる初発的かつ根本的な問題をとらえ、掘り起こし、手引きし、しかも最新の知識への展望を万人に確立させる書物を、新しく世の中に送り出したいと念願しています。

わたしたちは、創業以来民衆を対象とする啓蒙の仕事に専心してきた講談社にとって、これこそもっともふさわしい課題であり、伝統ある出版社としての義務でもあると考えているのです。

一九六四年四月　野間省一

政治・社会

経済・ビジネス

350 経済学はむずかしくない〈第2版〉——都留重人
1596 失敗を生かす仕事術 畑村洋太郎
1624 企業を高めるブランド戦略——田中洋
1641 ゼロからわかる経済の基本——野口旭
1656 コーチングの技術——菅原裕子
1926 不機嫌な職場——高橋克徳 河合太介 永田稔 渡部幹
1992 経済成長という病——平川克美
1997 日本の雇用——大久保幸夫
2010 日本銀行は信用できるか 岩田規久男
2016 職場は感情で変わる 高橋克徳
2036 決算書はここだけ読め!——前川修満
2064 決算書はここだけ読め! キャッシュ・フロー計算書編 前川修満
2125 ビジネスマンのための「行動観察」入門 松波晴人
2148 経済成長神話の終わり アンドリュー・J・サター 中村起子 訳
2171 経済学の犯罪——佐伯啓思
2178 経済学の思考法——小島寛之
2218 会社を変える分析の力 河本薫
2229 ビジネスをつくる仕事 小林敬幸
2235 20代のための「キャリア」と「仕事」入門——塩野誠
2236 部長の資格——米田巖
2240 会社を変える会議の力 杉野幹人
2242 孤独な日銀——白川浩道
2261 変わった世界 変わらない日本——野口悠紀雄
2267 「失敗」の経済政策史 川北隆雄
2300 世界に冠たる中小企業 黒崎誠
2303 「タレント」の時代——酒井崇男
2307 AIの衝撃——小林雅一
2324 〈税金逃れ〉の衝撃 深見浩一郎
2334 介護ビジネスの罠——長岡美代
2350 仕事の技法——田坂広志
2362 トヨタの強さの秘密 酒井崇男
2371 捨てられる銀行——橋本卓典
2412 楽しく学べる「知財」入門——稲穂健市
2416 日本経済入門——野口悠紀雄
2422 捨てられる銀行2 非産運用——橋本卓典
2423 勇敢な日本経済論——髙橋洋一 ぐっちーさん
2425 真説・企業論——中野剛志
2426 東芝解体 電機メーカーが消える日 大西康之

世界史Ⅰ

世界史Ⅱ

J